6대륙 친구들이 즐기는 신나는 놀이 300가지!

세계의 놀이

GIOCHI NEL MONDO

Written by Alessandro Massasso, Laura Pollastri
Illustrated by Viviana Cerrato

GIOCHI NEL MONDO ⓒ Istituto Geografico De Agostini, 2007
Korean Translation Copyright 2009 by Sangsurinamu, an imprint of Maksmedia
Korean Edition is published by arrangement with Istituto Geografico De Agostini

본 저작물의 한국어 판권은 Istituto Geografico De Agostini와의 독점 계약으로
도서출판 상수리나무에 있습니다.
한국 내에서 저작권법에 따라 보호를 받는 책이므로 무단 전재와 무단 복제를 금합니다.

상수리나무 출판사 상수리

상수리나무는 가뭄이 들수록 더 깊게 뿌리를 내리고
당당하게 서서 더 많은 열매를 맺습니다.
숲의 지배자인 상수리나무는 참나뭇과에 속하고, 꿀밤나무라 불리기도 합니다.
성경에 아브라함이 세 명의 천사를 만나는 곳도 상수리나무 앞이지요.
이런 상수리나무의 강인한 생명력과 특별한 능력을 귀히 여겨
출판사 이름을 '상수리'라고 했습니다.
우리 어린이들에게 상수리나무의 기상과 생명력을 키우는
좋은 책을 계속 만들어 가겠습니다.

상수리 호기심 도서관 16

6대륙 친구들이 즐기는 신나는 놀이 300가지!

세계의 놀이

알레산드로 마싸쏘·라우라 폴라스트리 글 | 비비아나 체라토 그림 | 조성윤 옮김

상수리

놀이는 많아요. 술래잡기, 공놀이, 돌멩이 던지기, 구슬치기……. 이 책은 전 세계 많은 어린이들이 어떤 놀이를 하면서 놀고 있는지 알려 줄 거예요. 세계 어린이들이 즐기는 놀이 가운데 재미있는 놀이를 골라 놀 수도 있어요.

세계 어린이들이 즐기는 놀이들을 대륙별로 나누어 소개할 거예요. 규칙이 단순한 놀이도 있고, 복잡한 놀이도 있어요. 바깥에서 하는 놀이, 집에서 할 수 있는 놀이, 서너 명의 친구들과 하는 놀이, 여러 명이 모여서 하는 놀이, 특별한 도구가 필요한 놀이 등 놀이 종류가 참 많아요.

친구들과 함께 해보고 싶은 새로운 놀이들을 찾을 수 있을 거예요. 가장 마음에 드는 놀이, 친구들과 즐기기 알맞은 놀이,

상상력을 키워 주는 놀이를 골라 보세요. 놀이를 즐기며 열대 초원을 뛰어다니는 사자나 바닷속을 헤엄치는 작은 물고기로 변하는 것도 재미있을 거예요. 친구들에게 이 책에서 배운 놀이를 함께 하자고 말해 보세요.

책에 나온 놀이를 즐기며 세계 곳곳에 사는 친구들이 어떤 독특한 전통 놀이를 하면서 노는지 알 수 있을 거예요. 그러면 우리 어린이들은 놀면서 자연스럽게 다른 나라 사람들이 살아가는 모습과 다양한 전통까지 알 수 있겠지요.

세상에는 많은 나라들이 있고 여러 민족들이 살고 있어요. 하지만 전 세계 어린이들은 한 가지 공통점이 있답니다. 그게 뭐냐구요? 그것은 바로 '어린이들은 놀면서 즐거움을 느낀다'는 것이랍니다!

차례

놀이의 역사　8
세계의 놀이　10

아프리카 대륙 친구들은 어떤 놀이를 할까?　12

겨루기 놀이　14
나뭇잎 통과 시키기 | 점프-점프 | 행운의 막대기 | 카누 경기 | 누구일까요?
보아뱀 놀이 | 배달부 | 어리석은 하마

세계의 뜀뛰기 놀이　24
바다뱀을 조심해! | 주머니 속 콩 | 통 뛰어넘기 | 전통 대나무 춤

말판놀이　28
만칼라, 와리, 아웰레

동물 경주　30
쥐를 잡아라! | 사자와 영양

아메리카 대륙 친구들은 어떤 놀이를 할까?　32

겨루기 놀이　34
펭귄 달리기 | 막대기 치기 | 야생마 사냥 | 공 치기 | 명사수 | 뜀뛰기 경주
페테카 치기 | 작은 공과 구멍 술래잡기

세계 속 다양한 릴레이 경주　42
암포라 옮기기 | 바다 고래 경주 | 빈 접시 채우기

뛰어오르기 놀이　46
양말 차기 | 시간 부르기 | 시계의 시간 뛰어넘기

공 릴레이　48
다리에서 다리로 | 공중의 공

아시아 대륙 친구들은 어떤 놀이를 할까? 50

겨루기 놀이 52
말 경주 | 코코넛 열매 신발 신고 걷기 | 돌 치기 | 둥근 딱지치기 | 기왓장 맞히기
캐슈나무 열매 맞히기 | 팽이치기 | 공기놀이 | 투호놀이 | 오목

세계의 다양한 땅따먹기 놀이 62

숨 참기 놀이 66
숨 참는 술래잡기 | 숨 참는 공격과 방어 | 신부 놀이

유럽 대륙 친구들은 어떤 놀이를 할까? 68

겨루기 놀이 70
루쫄라 팽이 던지기 | 말과 기수 | 그림자 사냥 | 병뚜껑 경주 | 올가미 던지기
동전 던지기 | 흉내 음악회 | 깃발 훔치기 | 손뼉 치기 | 립빠 놀이

세계 속 숨바꼭질 놀이 80
잠자는 할머니 | 흰 낙타 | 거꾸로 숨바꼭질 | 숨바꼭질

왕, 여왕 놀이 84
여왕 놀이 | 산에 사는 오리 | 도둑 잡기

잡기 놀이 86
경찰과 도둑 | 검은 사람들 | 움직이지 않는 장난감

오세아니아 대륙 친구들은 어떤 놀이를 할까? 88

겨루기 놀이 90
돌아라, 돌아라! | 꼬마요정의 영혼 | 그물 속 작은 물고기 | 늑대야, 지금 몇 시야?

세계 속 장님놀이 94
종소리를 들어 봐요 | 북소리 | 사자와 임팔라 | 눈먼 파리

협동 놀이 98
타케탁 | 창작 놀이

놀이의

위 그림 왼쪽부터
▲ '인형'은 고대 시대에도 있었어요. 그때에도 인형은 전 세계에 널리 퍼져 있었답니다. 위 사진은 2세기 로마 인형인데, 몸의 여러 관절을 자세히 표현한 것이 특징이에요.

▲ 그리스 꽃병에 그려진 그림이에요. 신화의 한 장면을 묘사한 거예요. 비너스, 주노, 미네르바 같은 신들이 공을 던지며 노는 모습이지요.

▲ 화가 브뢰겔이 1560년에 그린 작품이에요. 당시 사람들은 브뢰겔의 그림을 놀이 백과사전처럼 여겼지요. 벨기에의 도시 안트베르펜에서 200명의 남녀 아이들이 여러 놀이를 즐기고 있지요. 이 그림에서만 80가지가 넘는 놀이를 찾을 수 있어요!

제목 아래 그림
▶ **말판놀이**
넓적한 판 위에서 말을 움직이며 노는 놀이지요. 말판놀이(보드 게임)는 여러 나라에 비슷한 놀이가 있지요. 제목 밑 사진에는 두 명의 아즈텍 사람이 파톨리 놀이를 즐기고 있어요. 파톨리 놀이는 1에서 90까지 나눈 판을 가지고 노는, 주사위 놀이의 한 종류랍니다.

누구나 놀이를 좋아합니다. 특히 어린이들은 언제나 놀이를 즐기지요. 세상에 인류가 살기 시작한 뒤로 변함없이 그래왔어요. 놀이는 어떤 시대 어떤 문명에서도 있었던 거예요. 어린이들

역사

이 놀이에 열중하고 있는 모습을 그린 고대 그림이나 조각 작품 같은 유적·유물도 있어요. 유명한 작가들이 그 시대에 유행하던 놀이들을 작품 속에 남기기도 했답니다. 역사 속의 놀이 몇 가지는 오늘날에도 전해지고 있어요. 이러한 놀이들은 앞으로도 계속 이어지겠지요?

놀이를 표현한 역사 유물들을 보고 상상력을 펼치면 놀이를 더욱 더 즐길 수 있을 거예요. 앞으로 어떤 놀이들이 생겨날까 추측도 하고, 술래잡기 같은 놀이 규칙이 어떻게 변할지 상상해 보는 것도 좋겠지요. 어린이 여러분, 이 책과 함께 재미있는 시간을 보내세요!

위 그림 왼쪽부터

▲ 기술이 발전하면서 놀이 도구도 발전했어요. 이 19세기 판화는 팽이를 가지고 노는 모습이에요. 원판 모양의 나무팽이 몸체에 줄을 감았다가 땅 위로 던져서 팽이를 굴리는 놀이지요. 옛날부터 팽이치기는 들판에서 많이 했는데, 처음에는 나무 대신 잘 삭힌 둥근 치즈로 팽이를 만들었다네요!

▲ 연날리기는 기원전 2세기 즈음 아시아에서 처음 시작했어요. 우리나라에서도 옛날부터 연날리기를 즐겼지요. 연을 날리다 줄을 끊어 날려 보내면 나쁜 운을 막을 수 있다고 생각했어요. 뉴기니 섬 원주민들은 배를 유인하려고 연을 날렸대요. 1900년대 초반에는 연을 이용해서 하늘을 나는 방법을 연구했어요. 행글라이더와 패러글라이더는 연이 나는 원리와 구조를 응용해 만든 기구죠.

▲ 18세기 이탈리아 토스카나 지방에서 나온 그림에는 눈가리개를 하고 술래잡기하는 모습이 그려져 있어요. 이탈리아어로 '모스카 치에카'라고 하는 이 놀이는 '눈먼 파리'라는 뜻이에요. 이 그림 다른 부분에는 우리나라 강강수월래처럼 원을 만들어 손 잡고 노래 부르며 둥글게 도는 놀이, 숨바꼭질, 팽이치기, 연날리기 등도 그려져 있답니다.

세계의

세계 대륙은 크게 6개로 나눌 수 있습니다. 아시아, 아메리카, 유럽, 아프리카, 오세아니아 대륙이 있지요. 아메리카 대륙은 다시 북아메리카와 남아메리카로 나뉘지요. 여러 대륙에 살고 있는 아이들은 전통 놀이를 하거나, 자기들이 규칙을 세워 새로운 놀이를 만들기도 한답니다.

북아메리카 북아메리카와 남아메리카는 아주 달라요. 북아메리카 아이들은 친구들과 농구를 하거나 스케이트 보드를 타고 놀지요. 남아메리카의 빈민가에 사는 가난한 아이들은 보통 길에서 하는 놀이를 많이 한답니다.

남아메리카 다행스럽게도 아프리카와 마찬가지로 남아메리카에는 개성 있는 다양한 음악과 춤이 있어요. 여러 인종들이 모여 사는 남아메리카에는 아이들이 웃으며 놀 수 있는 다양한 바깥 놀이들이 있어요. 남아메리카는 알래스카처럼 춥지 않으니까요.

유럽 유럽은 작은 대륙이지만 서로 다른 언어를 사용하는 많은 사람들이 살아가고 있습니다. 신대륙을 발견했던 르네상스 시대에 유럽 대륙의 여러 언어가 바다 건너 다른 대륙까지 전해졌지요. 캐나다 어린이들이 프랑스어를 사용한다는 사실을 보면 알 수 있지요. 언어와 함께 유럽의 놀이도 다른 대륙에 전해졌답니다.

남극 남극 대륙에서는 무슨 놀이를 할 수 있을까요? 너무 추운 남극에서 밖에 나가 놀 용기 있는 친구는 펭귄 밖에 없어요!

놀이

대륙과 대륙은 몇 천 킬로미터나 떨어져 있어요. 각각의 대륙에 있는 많은 나라들은 자기 나라만의 고유한 음식과 언어가 있지만 이런 차이에도 불구하고 전 세계 아이들을 하나로 연결시켜 주는 것이 있다는 걸 알고 있나요? 그것이 바로 '놀이'랍니다!

아시아 아시아 대륙에는 다양한 문화와 전통, 종교, 명절 그리고 종교 기념일이 있어요. 어린이들을 위해 만든 날도 있어요. 한국은 매년 5월 5일이 어린이날이지요. 일본에서는 3월 3일이 여자아이들을 위한 날이고, 5월 5일은 남자아이들을 위한 날이랍니다.

아프리카 아프리카의 많은 어린이들은 배고픔과 목마름과 싸우며 하루하루 살고 있어요. 그래도 아프리카 어린이들은 여러 가지 놀이와 음악, 춤을 즐기고 논대요! 아프리카 아이들은 장난감이 많지 않아 단순한 재료를 가지고 스스로 장난감을 만들어 논답니다.

오세아니아 오세아니아 대륙은 대체로 날씨가 더워요! 오스트레일리아 시드니에서는 해변에서 먹고 마시며 크리스마스를 축하하는데, 자정이 되면 해변에서 놀던 사람들이 바다로 뛰어든답니다! 아이들도 해변에서 놀거나 물놀이를 하며 크리스마스를 보내지요.

아프리카
대륙 친구들은 어떤 놀이를 할까?

"피코 피코 응보 아나 카네 캄베
아니 카제 케제 타란탄
타란 타란 탄탄"
"Fiko fiko mbo ana kane kamb?
ani kas kesé tarantan
taran taran tan tan"

카메룬 어린이들은 이 노래를 부르며 술래를 정한대요.
술래 한 사람을 뺀 다른 친구들은 원을 만듭니다.
술래가 노래를 부르며
둥글게 모여 있는 친구들을 한 사람씩
손가락으로 가리킵니다.
노래가 끝나는 순간 가리킨 친구가 술래가 됩니다.

겨루기 놀이

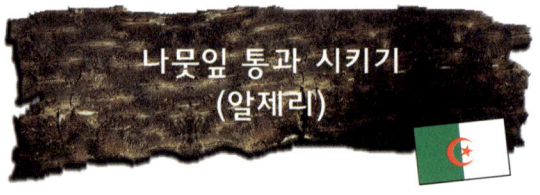
나뭇잎 통과 시키기 (알제리)

몇 명이 놀지? 2~5명
무얼 갖고 놀지? 무화과 나무 열매 4~5개, 무화과 나뭇잎 1장, 귤이나 오렌지 같은 과일이나 얇은 종이도 괜찮아요
어디서 놀지? 어디에서든 괜찮아요

무화과나무 열매 하나를 땅 위에 놓고 주위에 여러 개로 조각낸 나머지 무화과 열매를 둘러놓습니다. 그리고 무화과 나뭇잎 가운데에 무화과 열매가 들어갈 정도의 크기로 구멍을 냅니다. 무화과 열매에서 세 걸음 떨어진 곳에 선을 긋고, 선 뒤에 서서 땅 위의 무화과를 향해 구멍 뚫은 나뭇잎을 던져요. 나뭇잎이 쏙 들어가서 바닥에 닿게 한 사람은 1점을 얻고 주위의 무화과 열매 한 조각을 가져갑니다. 무화과나무 열매 조각을 가장 많이 가져간 친구가 이깁니다.

무화과와 귤 그리고 오렌지

나뭇잎 통과 시키기는 알제리 수도 알제 북부 지방에서 농사를 지으며 살아가는 카비르 민족 어린이들 놀이죠. 무화과 대신 오렌지나 귤 같은 과일도 괜찮아요. 집에서 한다면 바닥이나 낮은 테이블에 큰 접시를 놓고 그 위에 과일과 조각낸 과일들을 올려놓으세요. 나뭇잎 대신 얇은 종이를 사용할 수도 있어요. 종이를 원 모양으로 자르고 가운데에 과일이 통과할 수 있을 만한 크기로 구멍을 만드세요. 이 놀이는 표적에 정확히 던지는 조준 실력이 있어야 해요. 간식 시간에는 배가 고플 테니 놀이에 쓸 과일을 다 먹어 버리지 않을 자제력도 필요하겠죠!

점프-점프
(에티오피아)

몇 명이 놀지? 10명 이상
무얼 갖고 놀지? 아무것도 필요 없어요
어디서 놀지? 넓은 공간이면 좋아요

친구들을 두 모둠으로 나누고 하나의 원을 만들어 섭니다. 순서대로 각 모둠에서 선수 한 명씩 나와서 원 중앙에서 시합을 해요. 나머지 친구들은 박수를 치고 노래를 하며 응원하지요.

선수들은 오른쪽 다리를 뒤로 접고 오른손으로 발목을 꽉 잡고 섭니다. 두 선수는 왼발로 선 채 서로 왼손을 맞잡은 상태에서 잡아당기거나 밀어서 상대편 선수를 쓰러뜨려야 해요. 오른발이 먼저 땅에 닿는 사람이 1점 지는 거예요. 시합 시간을 1분으로 정해 놓고 시간이 다 되

아프리카 서부 말리 공화국 아이들이 춤추며 부르는 노래 하나 소개할게요. 서 있는 한 아이 주위로 둥글게 모여 춤 추고 노래 부르며 박수를 칩니다. 그 노랫말에는 아프리카인들의 지혜와 속담이 담겨 있어요.
하나, 고독의 나라로 날 데려다 주세요.
둘, 풀라니족 나라로 날 데려다 주세요.
셋, 세쌍둥이 엄마는 피곤해요.
넷, 이유 없이 사람을 욕하지 마세요.
다섯, 태양은 매일 아침 떠올라요.
여섯, 콜라나무 열매를 쪼개 보고, 올바른 아이에게 매를 들어 보세요.
일곱, 모든 여성은 자기 방식으로 아이를 낳아요.
여덟, 걸어가는 사람을 놀라게 하긴 어려워요.
아홉, 모든 새는 자기 방식으로 날아요.
열, 남자는 열 명의 자식을 얻게 될 거예요.

아프리카·겨루기 놀이

었을 때 실점을 적게 한 사람이 이깁니다. 각 모둠에서 한 명씩 맞붙어 모두 시합을 끝마쳤을 때 이긴 선수가 많은 모둠이 우승이죠.

> **닭싸움**
> 우리나라에도 한쪽 다리를 들어 올려 손으로 잡고 외다리로 뛰면서 상대를 밀어 넘어뜨리는 닭싸움 놀이가 있지요. 깨금발싸움, 외발싸움이라고도 불러요.

행운의 막대기 (리비아)

몇 명이 놀지? 적어도 두 명 이상
무얼 갖고 놀지? 작은 나무 막대기 3개
어디서 놀지? 어디에서나 놀 수 있어요

> **막대기 준비**
> 행운의 막대기 놀이는 리비아 어린이들이 자주 즐긴답니다. 나무 막대기 세 개만 있으면 되니까 간단해 보여도 막대기를 고르는 게 무엇보다 중요해요. 막대기 모양이 곧아야 반으로 쪼개기 쉬워요. 반으로 쪼갠 나무 막대기 한 면은 평평하고 다른 한 면은 둥글지요. 물감으로 평평한 면에 색칠을 하고 무늬도 그려 보세요. 막대기에 칠한 색과 무늬에 따라서 다른 점수를 주는 규칙을 정할 수도 있어요. 예를 들어 노란 막대기는 1점, 파란 막대기는 2점, 검은 점 찍힌 빨간 막대기는 3점을 얻는다고 정할 수 있죠.

나뭇가지로 막대기 3개를 준비해요. 막대는 20센티미터 정도면 되고, 굵기와 모양이 일정한 것이 좋아요. 나무 막대기를 세로로 반을 쪼개면 모두 6개의 막대기가 생기지요. 친구들이 차례로 막대기를 공중으로 던집니다. 막대기의 평평한 부분이 위로 오게 떨어지면 1점을 얻습니다. 친구끼리 정한 최종 점수를 먼저 얻는 친구가 승리!

카누 경기 (나이지리아)

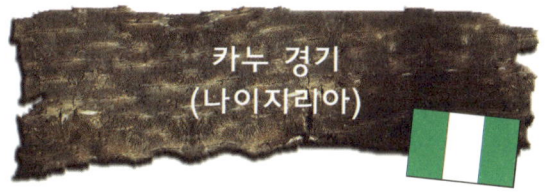

몇 명이 놀지? 많은 사람
무얼 갖고 놀지? 각 모둠마다 긴 막대기 1개 또는 자루가 긴 빗자루 1개
어디서 놀지? 바깥 넓은 곳

먼저 강을 만들어야 해요. 강은 선수들이 건너가야 하는 곳인데 폭을 25걸음 정도로 해서 양 끝에 선을 긋습니다. 이 두 선이 바로 강변이 되지요. 강 사이에는 막대기와 돌을 놓아서 장애물을 만듭니다. 여러 모둠으로 나눈 친구들은 자기 모둠의 카누를 타고 강을 건너는 선원이 되는 겁니다.

각 모둠의 선원들은 강을 표시한 두 줄 중 하나를 골라 출발선으로 정하고 그 선에 한 줄로 섭니다. 맨 앞에 선 사람을 뺀 나머지 사람들은 강을 등지고 서요. 뒤돌아선 사람들이 노를 젓게 됩니다. 맨 앞 사람은 카누 방향을 잡는 키잡이 역할입니다.

선원은 모두 다리 사이에 긴 막대기를 끼우고 손으로 막대를 잡습니다. 막대기가 카누가 되니까 막대기 길이에 따라서 선

파테기 레가타 축제

나이지리아 전통 축제에는 물과 관련된 축제가 특히 많아요. 축제 기간 동안 물에서 하는 경주가 많이 열려요. 가장 유명한 축제가 8월에 열리는 파테기 레가타죠. 여러분도 그 축제에 참가해 보세요. 춤 경연, 물고기 잡기, 수영 시합 같은 행사가 열리지만 그래도 카누 경기가 가장 인기 좋아요.

아프리카 · 겨루기 놀이

원을 몇 명으로 할지 정하면 되지요. 길고 무겁지 않은 막대기에 8~10명 정도씩 타고 경기를 하면 됩니다.

모두 강을 따라서 여기저기 흩어져 자리를 잡아요. "시작!" 소리와 함께 모든 모둠은 나무 막대기를 다리 사이에 끼우고 반대편 강가로 건너가야 해요. 등을 돌리고 노를 젓는 선원들은 고개를 돌려서 강을 봐선 안 되고 다리 사이에 있는 나무 막대기를 잘 잡고 뒤로 걸어야 합니다. 맨 앞의 키잡이는 나아가야 할 길을 설명해서 방향을 잡아 주어야 해요.

카누는 강에 미리 놓아두었던 장애물을 피해가야 하는데, 막대기는 오른쪽으로 피하고 돌은 왼쪽으로 피해야 합니다. 막대기나 돌을 건드리면 그 자리에서 10초 동안 멈춰 있어야 하지요. 실수를 3번 하면 탈락합니다. 강을 가장 먼저 건너간 모둠이 승리하게 된답니다.

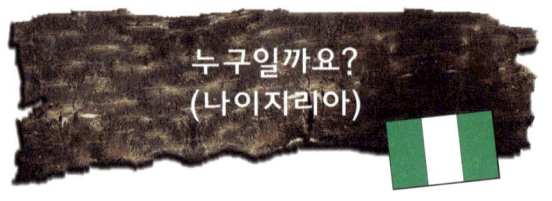

누구일까요?
(나이지리아)

몇 명이 놀지? 적어도 4~5명
무얼 갖고 놀지? 작은 돌
어디서 놀지? 체육관, 거실, 야외나 해변

우선 술래 한 명을 정해요. 술래가 몇 발자국 떨어져서 뒤돌아 서 있어요. 나머지

운석이란 무엇인가요?

우주에서 날아온 유성이 지구 대기를 통과하는 동안 완전히 타지 않고 남아 땅에 떨어진 덩어리를 말해요. 보통 작은 돌이나 금속 덩어리지만 어떤 경우에는 몇 톤에 이르는 거대한 덩어리가 떨어질 수도 있답니다. 미국 애리조나의 사막에는 약 5만 년 전에 수천 톤 가량의 운석이 떨어져서 생긴 커다란 구덩이가 있어요. 지름이 3킬로미터나 되지요. 운석이 떨어져서 생긴 구덩이를 분화구라고 합니다.

사람들은 보아뱀이 무시무시하고 공격적이라고 알고 있어요. 아나콘다도 남아메리카에 사는 보아뱀이지요. 하지만 사실 보아뱀은 사람을 공격하지 않고 오히려 사람이 다가가면 얼른 도망칩니다. 보아뱀은 '최면 걸기'라는 방법으로 사냥을 합니다. 원숭이가 나뭇가지에 꼬리를 감고 매달리듯이 보아뱀도 나뭇가지에 꼬리를 감고 매달려서 머리를 이리저리 흔든답니다. 최면을 걸 때 사용하는 시계 추처럼요. 하지만 이 행동이 정말 최면을 거는 것은 아니에요. 보아뱀의 입술 주위에는 열을 내는 작은 구멍들이 있는데, 이 열을 이용해서 먹잇감이 어디에 있는지 느끼기 위해서랍니다.

사람 가운데 한 명은 땅에 눕고, 다른 사람들은 분필로 누워 있는 사람의 몸 형태를 따라서 그립니다. 분필 대신에 작은 돌이나 나무 조각으로 표시해도 되지요. 다 그리면 땅에 누웠던 친구는 일어났다가 친구들과 함께 땅 위 다른 곳에 다시 누워요. 술래는 누운 친구들을 자세히 관찰하고 분필로 표시한 것이 누구의 몸인지 알아맞히는 놀이입니다.

이 놀이는 여름 해변에서 하기 좋아요. 누워 있는 모습을 그릴 때 분필이나 돌 같은 것이 없어도 되고 누운 사람의 몸무게 때문에 해변 모래에 저절로 흔적이 남기 때문이에요. 마치 우리 몸이 지구에 떨어진 운석처럼 되지요.

하지만 파도가 밀려오는 해변에서 하면 술래는 누구 몸인지 빨리 알아 맞혀야 해요. 파도가 흔적을 금방 지워 버릴 수 있으니까요!

보아뱀 놀이
(가나)

몇 명이 놀지? 많은 사람
무얼 갖고 놀지? 분필 또는 조약돌
어디서 놀지? 넓은 곳

먼저 분필로 한 변이 1~2미터 정도 되는 사각형을 그려요. 그 사각형은 뱀이 사는 곳이 되지요. 보아뱀 역할을 할 사람이 사각형 안에 들어가고 나머지 사람들은 소리 지르며 보아뱀을 약 올리는 원숭

아프리카·겨루기 놀이

이 역할을 맡습니다.

놀이가 시작되면 뱀은 사각형 서식지에서 나와 사냥을 시작합니다. 원숭이를 잡으면 뱀은 원숭이를 바라보고 최면을 걸어서 자기 서식지 안으로 끌고 갑니다. 원숭이를 잡아먹은 보아뱀은 힘이 세지고 커지겠죠? 그것처럼 보아뱀과 잡아먹힌 원숭이가 손을 잡고 한 마리 보아뱀이 되어 사각형 서식지에서 나와 다시 원숭이 사냥을 합니다. 원숭이를 잡으면 잡을수록 보아뱀 길이가 점점 길어져요. 마지막까지 살아남은 원숭이가 승자가 된답니다.

옛날 어느 시골에 큰 보아뱀이 나타났어요. 보아뱀은 풀을 뜯고 있는 젖소 곁으로 미끄러지듯 다가갔어요. 그리고는 천천히 다리를 휘감아 조여서 젖소가 움직이지 못하게 만들었지요. 보아뱀은 젖소의 젖을 빨아서 우유를 마셨어요. 배가 부르자 젖소를 풀어 주고 유유히 사라졌지요. 겁에 질린 불쌍한 젖소는 우유를 다 빼앗기고 그만 쓰러졌대요.
뱀은 먼 거리에서도 우유 냄새를 알아 챌 정도로 우유를 좋아한다고 말해요. 하지만 뱀이 가축우리에 들어오는 이유는 젖소의 우유를 마시려는 게 아니라 쥐 같은 작은 동물들을 사냥하기 위해서랍니다.

배달부 (코트디부아르)

몇 명이 놀지요? 많은 사람
무얼 갖고 놀지요? 손수건
어디서 놀지요? 어디서든

6~8명 정도 친구들이 원을 만들어 둥글게 서요. 그런 다음 옆 사람 등을 바라보며 한쪽 방향으로 도세요. 원을 만든 사람들은 손을 위로 들고서 노래에 맞춰서 시계 방향으로 도는 겁니다. 그 외의 다른 친구들은 원 안에서 노래 부르고 박자에 맞춰 손뼉도 쳐 보세요.

한 친구의 오른쪽 어깨 위에 손수건을 올려놓고 놀이를 시작해요. 뒷 사람이 앞 사람 어깨에서 손수건을 가져가 손뼉을 두 번 칠 동안 들고 있다가 손수건을 자기 오른쪽 어깨 위에 올려놓아요. 다음 친구도 마찬가지로 손수건을 가져와 들고 있다가 자기 어깨 위에 올려놓는 식으로 손수건을 돌리다가 대장이 "그만!"이라고 외치면 딱 멈춰요. 바로 그 순간 손에 손수건을 들고 있는 친구는 탈락이에요.

탈락한 선수는 원에서 나와 나머지 친구들과 함께 노래를 부릅니다. 노래가 끝났을 때 손이 아니고 어깨 위에 손수건이

겨루기 놀이 · 아프리카

있었으면 바로 뒤의 친구가 탈락해요. 점점 원에 있는 사람은 적어지만 처음의 원 크기는 그대로 유지하세요. 친구들 간격이 멀어지면 손수건 전달 시간도 오래 걸리겠지요. 마지막까지 원에 남아 있는 친구가 이기는 거예요. 상으로 친구들이 노래를 불러 줘요.

수건 돌리기

배달부 놀이와 비슷한 놀이가 우리나라에도 있어요. 우리는 수건 돌리기나 수건 찾기라고 부르지요. 친구들과 작은 수건만 있으면 즐길 수 있어요.

술래 한 명을 정하고 다른 친구들은 둥그렇게 둘러앉아요. 술래는 친구들 둘레를 빙빙 돌다가 한 친구 등 뒤에 수건을 몰래 놓고 자기 자리로 가서 앉아요. 앉아 있는 친구들은 자기 뒤에 수건이 놓였나 손으로 더듬어 살피다가 수건이 있으면 재빨리 수건을 집어 들고 술래를 잡아야 해요.

술래가 자리에 앉기 전에 술래를 못 잡으면 그 친구가 술래가 되는 거예요. 친구가 술래를 잡으면 술래가 벌칙을 받고 계속 술래를 해야 해요.

둘러앉은 친구들은 손뼉을 치며 노래를 부르면서 놀이를 더 재미있게 즐길 수 있어요.

아프리카 공동체 생활은 노래와 춤과 연관이 깊어요. 특히 아기가 태어날 때와 결혼식 날에는 마을 사람들이 다 모여서 원을 만들고 북소리에 맞춰 춤추고 노래하며 며칠 동안 흥겹게 축제를 벌이지요.

세네갈의 도시 모마르에서는 특별한 새해맞이 축제를 벌여요. 어린이와 청소년들이 무시무시한 가면을 쓰고 북 장단에 맞춰서 노래 부르며 집 문을 두드려서 사람들을 놀라게 하지요.

서아프리카에서는 대대로 내려오는 이야기꾼이나 음유시인을 그리오라고 하는데, 저녁에는 둥글게 모여 앉아서 그리오에게 세네갈의 역사에 대해 듣습니다. 수염 길고 나이 든 그리오는 진지한 이야기를 들려주고, 젊은 그리오는 재미있는 이야기를 들려주지요. 이야기는 항상 "옛날 옛적에"라고 시작해요. 그리고 "자, 여기서 이야기가 바다 속으로 빠졌다. 가장 먼저 그것을 찾는 사람은 천국에 갈 수 있단다."라는 문장으로 이야기가 끝나요. 그러면 아이들은 그것을 찾아내는 놀이를 합니다. 춤을 추고 노래를 부르면서 말이죠.

아프리카 · 겨루기 놀이

어리석은 하마
(탄자니아)

몇 명이 놀지요? 2명
무얼 갖고 놀지요? 1명당 15개 정도의 조약돌, 콩이나 씨앗도 괜찮아요
어디서 놀지요? 어디에서나

두 친구 모두 왼손에 같은 수의 콩이나 작은 돌을 쥡니다. 보통은 15개 정도를 쥐는데, 놀이를 오래 하려면 더 많은 돌을 가져도 돼요.

한 친구가 상대방에게 등을 돌리고 왼손에 있는 돌 가운데 4개 이하의 돌을 원하는 대로 오른손으로 잡아서 주먹을 쥐어요. 하나도 안 쥐어도 되고요. 그리고는 같이 놀이하는 친구를 향해 다시 뒤돌아서요. 그런 다음 주먹을 쥔 오른손 안에 몇 개의 돌이 있는지 상대에게 알아맞히라고 말하는 거예요.

상대편이 돌이 몇 개인지 알아맞히면 돌을 상대편에게 주어야 해요. 주먹에 1~3개 사이의 돌을 쥐고 있었으면 돌을 하나만 상대편에게 주고, 4개를 가졌거나 아무것도 안 쥐고 있으면 돌 2개를 줘야 합니다. 만약 상대편이 알아맞히지 못하면 반대로 돌을 받습니다. 상대편에게 돌을 받을 때도 주먹에 1~3개의 돌이 있으면 돌 하나를, 돌이 없거나 4개일 때는 돌 2개를 받는 겁니다.

어느 한 명이 돌을 다 잃을 때까지 놀이를 계속합니다. 놀이가 끝났을 때 돌을 다 잃고 진 사람은 '어리석은 하마'라는 별명을 얻는답니다.

홀짝 놀이

탄자니아의 어리석은 하마 놀이는 우리나라의 홀짝 놀이와 비슷하네요. 우리나라 홀짝 놀이는 구슬이나 공깃돌, 동전 등을 가지고 놀이를 해요.

두 손에 구슬을 쥐고 있다가 상대편이 모르게 구슬 몇 개를 한쪽 손으로 옮겨 쥐어요. 그리고 "홀짝" 하고 말하며 상대편에게 묻지요. 그럼 상대편은 주먹에 쥔 구슬이 홀수인지 짝수인지 알아맞혀야 해요. 상대편이 홀수인지 짝수인지 알아맞히면 구슬을 하나 빼앗겨요. 상대가 못 맞히면 상대에게 구슬을 하나 받지요. 이긴 친구가 주먹에 구슬을 쥐고 다시 홀짝 놀이를 시작하는 거예요.

아이나 어른 모두 재미있게 즐기는 놀이지요. 한 손에 쥔 구슬의 숫자를 세며 놀다가 수를 세는 실력이 점점 커지겠지요! 두 손에 구슬을 쥐고 흔들 때 또랑또랑 부딪치는 구슬 소리 듣는 일도 즐거워요.

포유류인 하마는 남아프리카 사하라의 강에서 많이 볼 수 있어요. 하마는 보통 몸 길이가 4미터나 되고 몸무게는 4톤이나 되지요. 몸은 거대하지만 물속에서는 매우 민첩하게 움직일 수 있답니다. 그래서 물속에서 많은 시간을 보내지요. 눈과 코와 귀만 내밀고 물속에 몸을 담그고는 주변을 둘러보며 쉬는 것을 좋아한답니다.

세계의

바다뱀을 조심해!
(멕시코)

뜀뛰기 놀이

통 뛰어넘기
(그리스)

전통 대나무 춤
(필리핀)

주머니 속 콩
(나이지리아)

바다뱀을 조심해!
(멕시코) 북아메리카

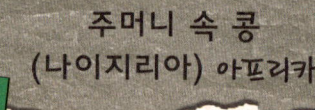
주머니 속 콩
(나이지리아) 아프리카

몇 명이 놀지? 많은 사람
무얼 갖고 놀지? 3~4미터 정도의 끈
어디에서 놀지? 넓은 곳 어디나

두 명이 서서 줄 양 끝을 잡고 돌립니다. 한 명씩 돌아가는 줄을 뛰어넘는 놀이죠. 나머지 사람들은 차례를 기다리며 노래를 불러요.
"바다뱀아, 여기를 지나가도 돼.
앞선 뱀들 빨리 달리고 뒤선 뱀들 뒤에 처지고, 뒤, 뒤, 뒤, 뒤.
자두, 칸탈루프, 멜론, 수박, 과일 팔던 늙은 멕시코 아줌마.
멜론이겠지, 수박이겠지, 전날 본 늙은 아줌마겠지."
줄을 넘을 때 줄에 발이 걸리거나 줄을 밟는 사람은 탈락합니다. 모든 사람이 한 번씩 줄을 뛰어넘었으면 두 번째 경기를 시작합니다. 한 사람이 남을 때까지 줄넘기는 계속됩니다. 끝까지 남은 사람이 승리자가 되지요.

> **줄넘기**
> 비슷한 놀이로 우리나라에는 줄넘기가 있어요. 두 친구가 줄을 잡고 돌리면 다른 친구들은 줄에 걸리지 않고 돌아가는 줄을 뛰어넘는 거예요.

몇 명이 놀지? 많은 사람
무얼 갖고 놀지? 주머니 1개, 주머니를 채울 정도의 콩, 줄 1개
어디에서 놀지? 넓은 공간

원을 만들어 서고 한 명만 원 가운데 서요. 주머니에 콩을 채워 넣은 뒤 긴 줄에 매달아요. 콩 대신 모래나 씨앗을 넣어도 돼요. 원 가운데 선 사람은 줄 끝을 잡고 땅보다 조금 높게 주머니를 돌려요. 원을 만들어 서 있는 친구들은 돌아가는 주머니를 뛰어넘어야 해요. 줄이나 주머니에 닿으면 탈락해서 원 밖으로 나가요. 한 단계 높여 주머니를 빠르게 돌리거나 줄을 조금 높게 돌려 보세요. 마지막까지 남는 사람이 승리하지요.

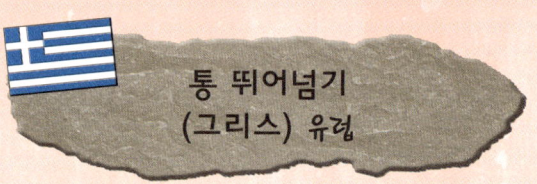
통 뛰어넘기
(그리스) 유럽

몇 명이 놀지? 적어도 5명 이상
무얼 갖고 놀지? 아무것도 필요 없어요
어디서 놀지? 바깥 넓은 곳

친구들은 네다섯 걸음씩 떨어져서 한 줄

로 선 뒤 허리를 90도로 숙이고 다리를 살짝 구부려서 손으로 발목을 잡습니다. 준비가 다 되면 끝에 있는 친구가 앞 친구들의 등을 뛰어넘어요. 한 명 한 명 뛰어넘어서 맨 앞 친구까지 뛰어넘습니다. 잘 뛰어넘으려면 빠르게 달려 친구의 등에 손을 쫙 펴고 두 팔로 단단히 버티고 다리를 옆으로 벌려 재빨리 넘어가야 해요. 다 뛰어넘었으면 맨 앞 친구 앞에 몇 걸음 떨어져서 다시 허리를 숙여요. 그럼 끝에 있는 친구가 일어나서 친구들의 등을 뛰어넘은 뒤 끝에서 다시 허리를 숙여요. 친구들이 지칠 때까지 할 수 있어요.

말뚝박기
우리나라에는 아이들이 말뚝박기라는 놀이를 하지요. 모둠을 나누어, 진 모둠이 등을 구부리고 있으면 이긴 모둠이 말을 타듯이 진 모둠의 등에 타고 올라가 가위바위보를 하며 승부를 가리지요.

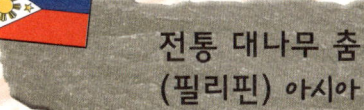

전통 대나무 춤
(필리핀) 아시아

몇 명이 놀지? 3명씩 여러 모둠
무얼 갖고 놀지? 1.5미터의 대나무 2개
어디서 놀지? 넓은 공간

이 놀이는 필리핀 전통춤에서 나왔어요. 2명은 마주보고 앉아서 대나무 양쪽 끝을 잡아요. 대나무 막대를 땅 가까이에 대면 다른 한 명이 막대 사이로 들어와 섭니다. 막대를 잡고 있는 두 친구는 땅에 막대를 쿵 내려친 다음 막대를 살짝 들고 두 개를 서로 부딪친 뒤 다시 막대를 밑으로 내려서 땅을 칩니다. 서 있던 친구는 막대 두 개가 부딪칠 때는 막대 오른쪽이나 왼쪽으로 뛰어넘고, 막대가 벌어지면 다시 막대 사이로 들어옵니다. 막대의 움직임 따라 춤을 가장 잘 춘 모둠이 이깁니다.

말판놀이

**만칼라, 와리, 아웰레
(아프리카)**

몇 명이 놀지? 2명
무얼 갖고 놀지? 말판, 작은 돌 48개
어디서 놀지? 어디든지

먼저 특별한 판을 만들어야 해요. 야외에서는 나란히 선을 2개 긋고 한 선에 6개의 작은 구멍을 파서 모두 12개의 구멍을 내요. 선 양 끝에 좀 더 큰 크기의 구멍을 한 개씩 내면 놀이판이 완성됩니다. 실내에서는 구멍 대신에 작은 그릇을 사용하고 양쪽 끝에 좀 더 큰 그릇을 놓으면 되지요. 작은 돌 48개를 놀이 말로 사용하는데, 씨앗이나 콩 종류를 사용해도 됩니다. 12개의 작은 구멍에 각각 돌을 4개씩 넣습니다. 말판을 사이에 두고 마주보고 앉은 두 친구는 각자 6개의 밭과 1개의 곡물 창고를 갖게 되는 것입니다. 작은 구멍 6개가 밭이고 자기 오른쪽의 큰 구멍이 곡물 창고가 됩니다. 놀이를 시작하기 전에 곡물 창고는 비워 둡니다.

세계에 가장 널리 퍼져 있는 놀이

만칼라는 세계에 널리 알려진 놀이지요. 카리브해 연안의 아프리카 대륙, 동남아나 아메리카 대륙 동쪽 연안에서도 여러 이름으로 알려져 있지요. 코트디부아르에서는 아웰레(Awele), 가나에서는 와리(Wari), 우간다에서는 옴웨소(Omweso), 나이지리아에서는 아요아요(Ayoyayo), 인도네시아에서는 콩클락(Congklak)이라고 부른답니다. 나라마다 놀이 규칙이 조금씩 다르기도 합니다.
사람들은 이 놀이에 종교적 의미가 있다고 생각했어요. 어떤 민족은 이 놀이가 씨를 뿌리고 추수하는 것을 상징한다고 생각해요. 말판은 대지를, 말은 씨앗을 상징한다고요.
또 다른 민족은 말판이 하늘, 말은 별이라 생각했습니다.
두 민족이 싸웠을 때 평화를 이루는 방법으로 이 놀이를 하기도 했답니다.
코트디부아르 사람들은 낮에 밖에서 이 놀이를 즐기다가 해가 질 무렵이 되면 말판과 말들을 그대로 두고 집으로 돌아가요. 밤 동안 신들이 내려와서 놀이를 한다고 믿기 때문입니다. 밤에는 이 놀이를 하지 않는 게 전통인데 단, 족장이 죽으면 다음 족장 후보들이 밤새 이 놀이를 해서 승자를 가려요. 승자가 족장이 될 수 있답니다.

두 친구는 자신의 6개 밭 가운데 한 곳에서 씨앗들을 몇 개 꺼내서 시계 반대 방향으로 한 번에 씨앗 한 개씩을 옮겨 담습니다. 손에 씨앗이 남아 있다면 상대편 밭에 씨앗을 심을 수 있습니다.

밭에 남아 있는 씨앗이 모두 2개 또는 3개밖에 없다면, 그 밭에 있는 씨앗들을 모두 빼앗거나 빼앗깁니다. 빼앗은 씨앗은 자기 곡물 창고에 저장할 수 있습니다. 즉, 밭에는 항상 4개의 씨앗이 있어야 한다는 뜻으로, 4개 이하면 씨앗을 빼앗기게 되는 거죠. 씨앗을 빼앗게 된 밭 건너편에 있는 자기 밭 씨앗들도 모두 꺼내 자기 곡물 창고에 저장해 둡니다. 곡물 창고의 씨앗은 상대편이 빼앗을 수 없어요.

밭에 씨앗이 하나도 남아 있지 않으면 놀이가 끝이 납니다. 곡물 창고에 씨앗이 많은 선수가 이기게 됩니다. 48개의 씨앗 중 25개 이상의 씨앗을 먼저 얻은 선수가 승리하는 것입니다.

가장 오래된 말판놀이

말판놀이(보드 게임)가 처음 시작된 것은 4000년도 더 되었답니다. 고대 문헌에 말판놀이에 대한 이야기가 적혀 있고, 말판놀이를 하는 사람들을 그린 그림들도 전해 내려오고 있지요. 고대 문명에서는 죽은 사람을 묻을 때 그 사람이 즐겨 쓰던 물건들을 함께 묻는 풍습이 있었는데, 고대 사람들의 무덤에서 말판 일부분과 말들을 발견했답니다. 이런 말판놀이는 오늘날의 주사위라 할 수 있는 물건을 던져 말판 위의 길을 따라 말을 움직입니다.

바빌론 제국 시대의 도시국가였던 우르 지방(현재 이라크)에서 약 기원전 2600년대에 사용한 것으로 보이는 말판이 발견되었어요. 잘 보존되어서 현재 박물관에 전시되어 있고, '우르'라는 이름의 보드 게임으로 전해지고 있답니다.

이집트에서는 말판놀이하는 고대 이집트 그림들을 발견했어요. 고대 이집트 사람들이 여가 시간에 말판놀이를 즐겼다는 것을 알 수 있답니다. 세네트(Senet)는 요즘도 즐기는 말판놀이죠. 개 모양의 말과 자칼 모양의 말을 사용한 놀이도 있었고, 둥글게 똬리를 튼 뱀 모양의 길을 통과하는 놀이도 즐겼습니다.

말을 움직이는 방식이 가장 매력적인 것은 알케르케(Alquerque)랍니다. 알케르케의 말판 도안이 이집트에서 발견됐는데, 기원전 13세기 테베 시대에 사용한 것이라고 해요. 기원후 950년에야 어느 아랍 사람이 알케르케 놀이 규칙을 기록한 문서를 발견해서 이 놀이에 대해 알려졌지요. 그 문서에는 알케르케 놀이를 엘-키르카트(El-quirkat)로 불렀다고 기록되어 있지만, 스페인 왕이었던 알폰소 10세가 1282년에 만든 놀이 모음집에서는 이 놀이를 알케르케라고 불렀습니다. 이집트에서 탄생한 놀이가 스페인에 전해지면서 알케르케로 바뀐 것이지요. 이후에도 알케르케는 스페인 사람들에 의해서 중앙아메리카 원주민들에게까지 전해졌습니다.

아프리카·동물 경주

동물 경주

아프리카 대륙은 건조한 사하라 사막에서 아열대 지역까지, 그리고 적도의 열대 우림 기후에서부터 지중해성 기후까지 자연 환경이 다양합니다. 아프리카 대륙에는 생태 환경에 맞춰 살아가는 독특한 동물들이 있지요. 사자나 표범같이 무서운 육식동물은 물론, 코끼리나 기린 같은 초식동물도 살고 영양과에 속하는 가젤과 얼룩말 같이 무리지어 다니는 동물들도 있으며, 다양한 종류의 새들도 살고 있습니다. 그래서 아프리카 어린이들은 동물에서 영감을 얻은 놀이를 즐기며 놀고 있답니다.

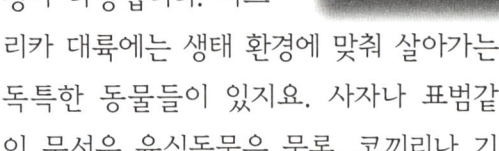

쥐를 잡아라! (콩고)

몇 명이 놀지? 많은 사람
무얼 갖고 놀지? 아무것도 필요 없어요
어디에서 놀지? 넓은 바깥

두 사람을 제외한 다른 친구들은 차례로 서서 4줄을 만들어요. 이 때 줄과 줄 사이는 두 걸음 정도 되게 합니다. 친구들은 어깨를 나란히 하고 선 뒤 두 팔을 펴서 어깨 높이만큼 들어요. 줄과 줄 사이에 통로가 생겨 결과적으로 3개의 통로가 만들어집니다. 이제 밖에 있는 두 사

동물 경주·아프리카

사자와 영양
(수단)

람 중 한 친구는 쥐가 되고 다른 친구는 고양이가 되어요. 쥐는 줄 사이의 통로를 따라 고양이를 피해 도망가야 합니다. 고양이와 쥐는 친구들의 팔 아래를 지나갈 수 없습니다. 다른 통로로 건너가고 싶다면 "무푸케 이카리(Mpuke ekali)!"라고 소리쳐야 합니다. "쥐를 잡아라!"라는 뜻이지요. 그러면 줄을 서 있는 친구들이 오른쪽으로 90도 각도로 몸을 돌려요. 줄 방향이 바뀌면 새로운 통로가 생겨, 쥐와 고양이가 지나가는 길도 변하지요. 1분 안에 고양이가 쥐를 잡으면 고양이가 이기고 실패하면 반대로 쥐가 이겨요.

몇 명이 놀지? 적어도 6명 이상
무얼 갖고 놀지? 아무것도 필요 없어요
어디서 놀지? 숨기 좋은 넓은 곳

사자 역할을 맡은 한 명이 숨는 동안에 영양 역할의 나머지 선수들은 눈을 감고 30까지 숫자를 셉니다. 다 세면 눈을 뜨고 영양들은 흩어져 사자를 찾습니다. 사자가 숨어 있는 곳 근처를 영양이 지나가면 사자는 밖으로 나와 영양을 잡아요.

대초원 지대의 사냥
사자와 영양 놀이는 대초원에 사는 동물들의 습관이나 행동과 밀접한 관련이 있답니다. 암사자는 무리지어 생활하는 초식동물을 사냥하기 위해서 숨어서 기다려요. 그러다 무리에서 떨어진 영양이나 가젤, 황소 등을 사냥한답니다.

잡힌 영양은 사자로 변해 나머지 영양들을 잡으러 다닙니다. 영양들이 다 잡히면 놀이가 끝난답니다. 맨 마지막에 잡힌 영양이 이제 사자 역할을 맡아요.

아메리카
대륙 친구들은 어떤 놀이를 할까?

아르헨티나에서는 놀이를 할 때
누가 먼저 시작할지 순서를 정하는 독특한 방법이 있어요.
주먹 쥔 두 손 중에 한 손에만 물건을 감춰서
어느 손에 물건이 있는지 상대방이 알아맞혀요.
친구들이 모두 알아맞히지 못한 경우에는
주먹에 물건을 쥐고 있던 사람이 먼저 놀이를 시작합니다.
알아맞힌 친구는 또 다른 친구에게 똑같은 방식으로
순서를 정합니다. 마지막에 물건을 손에 쥐고 있다가 이긴 사람이
첫 번째로 놀이를 시작할 자격을 얻게 된답니다.

 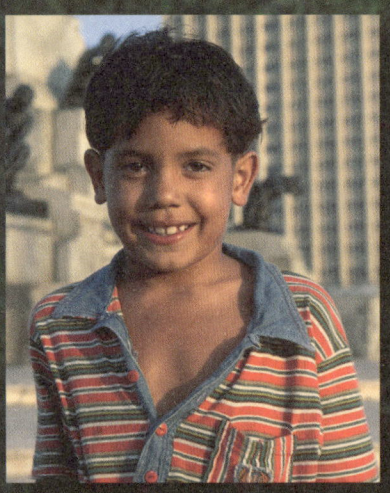 

겨루기 놀이

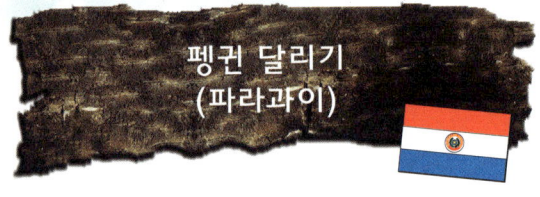

펭귄 달리기
(파라과이)

몇 명이 놀지? 많은 사람
무엇을 갖고 놀지? 입은 옷 위에 겹쳐 입을 정도로 길고 품이 넓은 바지
어디서 놀지? 넓은 운동장, 부드러운 잔디가 있는 곳

친구들 모두 출발선을 따라 일렬로 서서 입은 옷 위에 길고 품이 넓은 바지를 덧입고 바지가 흘러내리지 않게 손으로 잡아요. "시작!" 소리에 바지 잡은 손을 놓고 바지가 흘러내리게 내버려둔 채 달려 나갑니다. 두 팔을 구부려 몸에 붙이고 펭귄이 날개 짓하는 것처럼 푸드덕거립니다. 달리기가 결코 쉽지 않아요! 큰 바지에 걸려 넘어질 것 같을 거예요.
펭귄 달리기는 모두 재미있어 할 거예요.

펭귄은 바닷새지만 날지 못해요. 남극의 빙하에서 생활하지요. 작은 깃털이 몸통을 빽빽하게 감싸고 있는데, 종에 따라서 크기가 다양합니다. 펭귄은 수중 생활에 알맞은 조건들을 가지고 있어요. 펭귄의 날개는 물속에서 물갈퀴처럼 추진기 역할을 하며, 다리는 배의 방향키처럼 방향을 잡아주지요. 펭귄들은 뛰어난 수영 선수지만 육지에서는 뒤뚱뒤뚱 우습게 걸어요. 그래서 얼음 위에서 이동할 경우 펭귄들은 보통 배를 깔고 드러누워 날개와 발로 얼음을 밀쳐 내며 미끄러진답니다.

정말로 펭귄들이 달리는 것 같거든요. 우스꽝스러운 친구들의 모습을 보면서 웃음이 끊이지 않아요. 이 놀이의 승리자는 가장 재미있는 모습을 보여 준 친구랍니다!

막대기 치기 (볼리비아)

막대기 치기는 아이뿐만 아니라 어른도 즐기는 볼리비아 인디언 전통 놀이입니다. 종종 죽은 당나귀나 양의 뼈를 표적으로 사용하기도 했답니다.

몇 명이 놀지? 최소 4명
무엇을 갖고 놀지? 동물 뼈나 막대기, 돌멩이 여러 개
어디서 놀지? 잔디밭이나 모래가 많은 운동장

막대기를 땅 위에 꽂아요. 이 막대기가 표적이 되지요. 표적으로부터 3미터 떨어진 곳에 선을 긋는데, 그 선에서 같은 간격을 두고 또 선을 그어요. 같은 방법으로 4개의 선을 더 긋습니다. 즉 6개의 선을 그으면, 마지막에 그린 선은 표적에서 18미터 떨어지게 되지요. 놀이를 하는 모든 사람들은 처음 그은 선에 서서 차례대로 한 명씩 돌멩이를 던져서 표적을 맞혀서 쓰러뜨립니다.

막대기를 맞힌 사람은 표적에서 6미터 떨어진 두 번째 선으로 갈 수 있어요. 표적을 맞히지 못한 사람은 자기 차례가 오면 다시 같은 선에서 돌멩이를 던져야 합니다. 표적에서 먼 선에서 표적을 맞힌 사람이 승리하게 됩니다.

비석치기
손바닥만한 납작한 돌을 땅바닥에 세우고, 다른 돌을 던져 쓰러뜨리며 노는 놀이지요. 돌을 세운 뒤 5미터 정도 떨어져 선을 그어요. 그 선에 서서 돌을 던져 세운 돌을 쓰러뜨리는 거예요. '비석까기' '비사치기'라고도 해요. 우리나라 전 지역에서 즐겼지요.

아메리카 · 겨루기 놀이

야생마 사냥 (미국) 인디언 부족

몇 명이 놀지? 최소 5명
무엇으로 놀지? 2미터 길이의 긴 끈 한 개, 마른 나뭇가지 묶음 한 개
어디에서 놀지? 넓은 들판이면 어디든지

미국 애리조나의 호피족은 남자들이 야생마 사냥 놀이를 즐기는 동안 여자아이들은 옆에 있는 사진과 같은 인형을 가지고 논답니다.

끈을 나뭇가지 묶음에 연결하고 다른 한쪽 끈은 친구의 허리에 감아 묶어요. 그럼 그 친구는 야생마로 변하는 거예요. 끈 묶은 나뭇가지는 말 꼬리지요. 나머지 친구들은 인디언이 되는 거예요. 야생마는 인디언들을 피해서 뛰어다녀야 해요. 인디언들은 어떻게 말을 붙잡을까요? 야생마의 꼬리를 밟으면 된답니다! 인디언 친구가 말 꼬리를 밟으면 둘은 서로 역할을 바꾸지요. 반대로 말의 꼬리가 인디언의 몸에 닿으면, 그 인디언은 자리에서 멈춰 서서 움직일 수 없어요. 다른 인디언 친구가 야생마 꼬리를 밟아 붙잡아야만 다시 인디언이 되어서 놀이를 할 수 있답니다.

꼬리잡기
비슷한 놀이로 우리나라에는 꼬리잡기가 있어요.
네다섯 명의 친구들이 허리를 꼭 잡고 길게 늘어서요. 상대편 모둠도 친구 허리를 잡고 늘어서고요. 그런 뒤에 상대편에게 잡히지 않게 뛰어다녀요. 맨 끝에 있는 상대편 친구를 잡으면 이기는 거예요.

공 치기
(멕시코)

몇 명이 놀지? 10명 정도의 두 모둠
무엇을 가지고 놀지? 가벼운 공 1개
어디에서 놀지? 체육관이나 야외

경기장을 같은 크기로 반을 나눈 뒤 반쪽을 다시 2등분합니다. 그러면 같은 넓이 4개가 나오지요. 경기장은 안쪽 두 곳과 바깥쪽 두 곳으로 나뉩니다. 두 모둠은 각각 경기장의 반을 사용하는데, 선수들은 각각 안쪽 칸에 있고 바깥쪽은 비워 둡니다.

아즈텍 문명 시대의 트라츠틀리

트라츠틀리는 3000년 전보다 훨씬 오래 전부터 지금의 멕시코 지역에서 하던 놀이지만, 스페인 정복자들이 아즈텍 부족과 만나게 되는 1500년 초기에야 세상에 알려졌습니다. 당시에는 'L' 자 형태의 안뜰에서 경기를 했는데, 경기장은 돌로 만든 높은 벽으로 둘러싸여 있었어요. 사람들은 돌 벽 위에서 경기를 관람했지요. 경기장을 선 하나로 반을 나누었는데, 선 양 끝 부분에는 철로 된 동그란 고리가 바닥에서 약 3미터 높이의 벽에 달려 있었어요.

양 모둠은 공을 던질 때 어깨와 골반 그리고 무릎만 사용해야만 했어요. 경기의 최종 목표는 벽에 달려 있는 고리에 공을 넣는 것이지요.

트라츠틀리는 종교적 의미를 지닌 신성한 의식이었습니다. 모든 사람들이 경기에 참여할 수 있었지만 주로 귀족들이 경기에 참가했지요. 작은 철 고리 안에 공을 넣기는 매우 어려웠고 통고무로 만든 공은 무게가 약 2킬로그램이나 됐기 때문에 경기는 힘들었습니다. 경기에서 승리한 사람은 관중들에게 옷이나 보석 등 자신이 가장 원하는 것을 요구할 수 있었답니다.

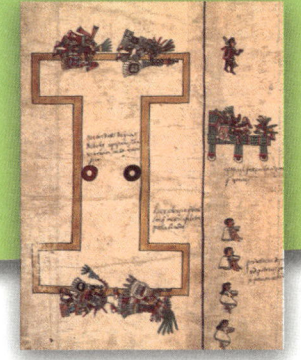

아메리카 · 겨루기 놀이

한 선수가 중앙에서 공을 던지면 경기가 시작됩니다. 선수들은 오직 골반과 어깨 그리고 무릎과 등만을 사용해서 공을 패스해야 하지요.

상대편 진영을 향해서 공을 쳐낼 때 공이 안쪽 칸을 통과해 바깥 칸까지 가도록 쳐야 합니다. 공이 상대팀 바깥 칸까지 가야 점수를 얻을 수 있어요. 따라서 수비를 하기 위해서는 자기 모둠의 바깥 칸으로 가는 공을 막아야 하고, 득점하기 위해서는 상대 모둠의 바깥 칸까지 보내야 합니다. 5점이나 10점 등 경기 전에 정한 점수를 먼저 얻으면 승리한답니다.

로 막대기를 쓰러뜨리면 이기게 되고, 다시 막대기를 세운 뒤 계속해서 사격수 공을 던져요. 하지만 한 번만에 막대기를 쓰러뜨리기는 쉽지 않을 거예요.

막대기를 쓰러뜨리지 못하면 다른 선수들이 자기 공을 던집니다. 이때 제일 처음 던진 사격수 공에 가까워지도록 공을 던지거나 굴려야 해요. 다른 선수들이 던진 공이 사격수 공을 쳐서 그 공이 굴러가 막대기를 쓰러뜨리면 첫 번째 경기가 끝납니다.

막대기를 쓰러뜨린 사람이 승리자가 되며, 다음 경기에서 사격수 공을 먼저 던질 수 있는 자격을 얻게 됩니다.

명사수 (과테말라)

몇 명이 놀지? 최소 5명
무엇을 가지고 놀지? 선수 1명당 공 1개, 막대기 1개
어디에서 놀지요? 땅이 부드러운 바깥

막대기 하나를 땅 위에 세워서 고정시킵니다. 모든 선수들은 막대기에서 5~10미터 떨어진 곳에 선을 그리고 그 선에 나란히 섭니다. 선수 한 명이 공을 던져서 막대기를 쓰러뜨려야 하는데, 이 공을 '사격수'라고 부르지요. 만약 사격수 공으

겨루기 놀이 · 아메리카

브라질에서는 어른이나 아이 할 것 없이 카포에이라(Capoeira)라는 전통 무술춤을 배워요. 춤 요소를 더해서 다리로 상대방에게 타격을 가하는 형태의 이 무술은 노예가 있던 시대에 탄생했습니다. 노예들이 무술 기술을 갈고 닦는 것을 주인이 알아차리지 못하도록 춤 요소를 더했답니다.

뜀뛰기 경주 (브라질)

몇 명이 하는 놀이지? 많은 사람
무엇이 필요하지? 경기 코스 그릴 분필
어디에서 놀이하지? 야외나 체육관

우선 분필로 땅 위에 뜀뛰기 경주 코스를 그립니다. 경주 코스를 좁게도 넓게도 구불구불하게 그리기도 해야 놀이가 더욱 박진감 넘쳐요. 모든 선수들은 순서대로 한 명씩 경주 코스 시작 지점에서부터 끝나는 지점까지 한 발로 깡충깡충 뛰어갑니다. 선을 밟거나 코스를 벗어나지 않도록 주의를 기울여야 하지요. 선을 밟으면 그 자리에 멈춰 서서 한 발로 뜀뛰기 5번을 해야만 다시 앞으로 갈 수 있어요. 코스를 벗어나거나 다른 쪽 발이 땅에 닿는 경우에는 탈락이에요. 코스를 가장 빨리 마친 선수가 승리자가 됩니다.

아메리카 · 겨루기 놀이

페테카(peteca)는 어떻게 만드나요?

페테카를 만드는 간단한 방법이 있답니다. 중간 크기의 자루에 모래를 4분의 3정도 채워요. 자루 목 부분을 매기 전에 길고 단단한 펜을 3자루 넣으세요. 이제 페테카가 완성됐답니다! 다른 방법도 있어요.
긴 양말에 신문지를 돌돌 말아 넣고 고무줄로 양말 목 부분을 동여매 보세요.
그럼 페테카를 어떻게 가지고 놀까요? 페테카 치기는 등이나 손바닥만 사용해야 해요.

페테카 치기 (브라질)

몇 명이 놀지? 6명 이상의 두 개 모둠
무엇이 필요하지? 페테카(페테카 만드는 법은 위의 상자 참고)
어디에서 놀지? 야외

세로의 길이가 가로의 두 배가 되는 직사각형 형태의 경기장을 그리고, 중앙에 선을 그어서 같은 크기의 두 부분으로 나눠요. 두 모둠은 한 부분씩 차지해서 그 안에 선수들이 자리를 잡습니다.
경기장 끝에 있는 선수가 "시작!"이라고 외치면서 상대편 땅을 향해 페테카를 칩니다. 페테카를 받는 팀은 상대편 땅을 향해서 다시 페테카를 쳐 내야 하는데, 이때 페테카를 땅에 떨어트리면 안 됩니다. 상대편 땅으로 페테카를 넘기기 전에 같은 모둠 선수들끼리 패스할 수 있습니다. 상대편 선수가 페테카를 받아 내지 못해서 상대편 땅에 떨어지면 페테카를 친 팀이 1점을 얻습니다. 상대 모둠이 규칙에 어긋나는 방법으로 페테카를 치거나, 상대편이 친 페테카가 경기장 밖으로 벗어나는 경우에도 1점씩 얻지요. 한 모둠이 1점을 얻은 경우에는 상대 모둠이 자기 땅 끝에서 페테카를 쳐서 경기를 다시 시작합니다. 어느 한 모둠의 점수가 20점이 되면 경기는 끝납니다.

> 페테카 치기는 포르투갈 사람들이 브라질에 오기 전부터 그 지역 원주민들이 즐기던 놀이였어요. 그 뒤 페테카 놀이는 빠르게 퍼져 세계적인 스포츠가 됐답니다.

작은 공과 구멍 술래잡기 (에콰도르)

몇 명이 놀지? 많은 사람
뭐가 필요하지? 인원 수만큼의 테니스 공
어디에서 놀지? 야외

놀이하기 전에 먼저 땅 위에 선수들 수만큼 일자로 나란히 구멍을 팝니다. 지름이 한 뼘, 깊이는 약 15센티미터가 되도록 땅을 파서 구멍을 만든 뒤, 차례대로 1에서부터 숫자를 매깁니다. 구멍에서 5~6 발자국 떨어진 곳에 구멍과 평행하게 선을 긋고서 그 뒤에 한 줄로 나란히 섭니다. 줄을 선 선수들도 역시 1에서부터 숫자를 매깁니다.

선수들은 차례대로 구멍 중의 하나를 선택해서 그 구멍에 들어가도록 테니스 공을 던집니다. 공이 안 들어가면 벌점 1점을 받아요. 공이 들어가면 그 구멍 번호와 같은 번호를 단 선수가 달려가서 구멍 안의 공을 꺼내고 꺼낸 공을 다른 사람들에게 던져 맞혀야 합니다. 사람들은 공을 피해 도망갈 수 있지요. 도망 다니는 시간은 보통 30초에서 1분 사이로 친구들끼리 정합니다.

공에 맞은 선수는 벌점을 받고, 반대로 공으로 친구를 못 맞히면 술래가 벌점을 받는답니다. 벌점이 5점이 넘는 선수는 경기에서 탈락하게 되고 자기 구멍을 덮어야 합니다. 모두 다 공을 던지면 놀이가 끝납니다. 벌점이 가장 적은 선수가 승리하게 되지요.

세계 속 다양한

암포라 옮기기
(브라질)

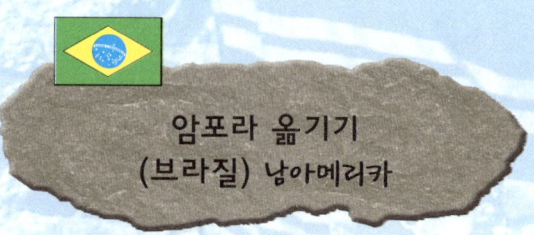

암포라 옮기기
(브라질) 남아메리카

몇 명이 놀지? 7명씩 여러 모둠
무엇이 필요하지? 아무것도 필요 없어요
어디에서 놀지? 부드러운 땅 어디든지

각 모둠은 구성원 중 2명을 선원으로 정하고 나머지 5명은 암포라 역할을 해요. 암포라는 고대 그리스·로마의 항아리를 말해요. 출발선을 긋고 선을 따라서 암포라 역할인 친구들이 나란히 무릎을 꿇고 앉아 양손을 허리에 대요. 선원 역할 친구들은 "시작!" 소리와 함께 암포라의 팔을 잡고 들어서 옮기는데, 이때 암포라 항아리가 땅에 닿지 않고 항아리 손잡이인 양팔이 허리에서 떨어지지 않도록 해야 돼요. 선원 친구들이 암포라 친구를 아무 문제없이 도착지까지 옮기면 그 암포라를 두고 다시 출발선으로 가서 다음 암포라를 가져올 수 있어요. 반면 암포라가 땅에 닿거나 손잡이가 떨어지면 암포라를 그 자리에 두고 다시 출발선으로 가서 다른 암포라를 옮겨야 해요. 중간에 둔 암포라는 나중에 다시 가져 갈 수 있어요. 선원들이 5개의 암포라를 모두 도착지에 옮기고 출발선에 암포라가 하나도 없으면 중간에 남겨 둔 암포라를 다시 가지러 갈 수 있지요.
모든 암포라 항아리를 도착지로 먼저 옮긴 모둠이 승리합니다.

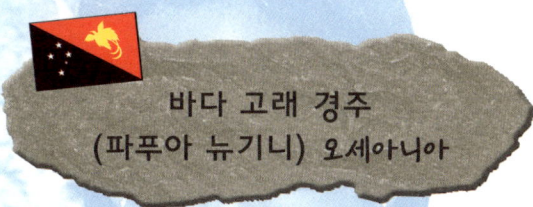

바다 고래 경주
(파푸아 뉴기니) 오세아니아

몇 명이 하는 놀이지? 10~20명 두 모둠
무엇이 필요하지? 아무것도 필요 없어요
어디에서 놀지? 바닷가

바다 고래 경주는 떨어지거나 넘어지기 쉬워서 바닷가처럼 땅이 부드러운 곳이 적당해요. 물 높이는 놀이하는 친구들 가운데 키가 제일 작은 친구의 허리를 넘지 않아야 합니다.

두 모둠은 각각 앞뒤로 줄을 지어 한 줄로 서서 친구의 어깨를 잡고 허리를 살짝 숙여서 긴 줄을 만듭니다. 맨 앞 선수는 고래의 머리가 되고, 마지막 선수는 고래의 꼬리가 됩니다.

시작하면 제일 끝에 있는 선수가 앞 친구의 어깨로 기어올라서 고래 머리까지 친구들의 어깨를 밟고 나아갑니다. 떨어지지 않도록 조심해야 해요! 맨 앞까지 도착하면 도착한 선수가 고래의 머리가 되고, 새로 꼬리 역할을 맡은 선수가 똑같이 친구의 어깨 위로 올라가 앞으로 건너갑니다. 고래의 몸을 건너가다가 떨어지면 탈락이고, 모든 선수들이 고래의 몸을 건너면 경기는 끝나요.

그렇다면 어떤 모둠이 승자가 될까요? 경기가 끝났을 때 탈락 선수가 없으면 더 빨리 고래의 몸을 건넌 모둠이 이겨요. 탈락한 선수가 있을 경우에는 선수가 더 많이 남은 모둠이 이기죠.

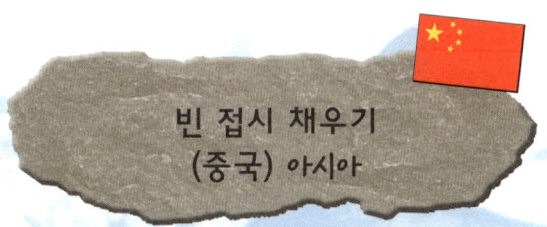

빈 접시 채우기
(중국) 아시아

몇 명이 놀지? 5~6명씩 여러 모둠
무엇을 갖고 놀지? 접시 2개, 목화솜, 나무젓가락 2개
어디에서 놀이하지? 실내나 야외

각 모둠은 출발선에 앞뒤로 서서 한 줄을 만들어요. 각 모둠 맨 앞 선수는 나무젓가락을 가지고 있어요. 출발선 건너편에 목화솜이 들어 있는 접시를 하나씩 놓아두고 출발선에 빈 접시 하나씩을 놓습니다.

시작과 함께 각 모둠의 첫 번째 선수는 목화솜이 담긴 접시로 뛰어가 젓가락만 사용해서 목화솜 하나를 집어 출발선으로 돌아와야 합니다. 목화솜을 집을 때 규칙을 어긴 선수는 5초 동안 멈춰 있다가 다시 목화솜을 집어야 합니다. 가져온 목화솜을 빈 접시에 담고 젓가락을 다음 선수에게 전합니다. 먼저 목화솜을 다 옮긴 모둠이 이깁니다.

45

아메리카·뛰어오르기 놀이

뛰어오르기 놀이

뛰어오르며 즐기는 여러 가지 놀이들을 소개합니다!
빗자루 손잡이나 줄을 이용해 뛰어오르거나
노래 부르고 소리 지르며 뛰어오르는 놀이도 있답니다.
이 놀이들은 세상에서 가장 재미있는 놀이일 거예요.
전 세계 아이들은 지칠 줄 모르고
신나게 뛰어오르기 놀이를 하고 있답니다.

양말 차기 (캐나다-이누이트 족)

몇 명이 놀지? 많은 사람
무엇이 필요하지? 긴 빗자루의 막대 부분, 30센티미터 정도의 끈, 양말 한 짝
어디에서 놀지? 장애물 없는 어디든지

준비한 끈으로 빗자루의 막대 끝 부분에 양말 한 짝을 매달아요. 그리고 친구 중에 대장 한 명을 뽑아요. 대장은 양말이 공중에 떠 있도록 막대기 반대쪽 끝을 잡고 서요. 처음에는 막대를 낮게 잡다가 시간이 지나면 막대를 높여서 양말을 점점 더 높이 올립니다. 친구들은 나와서 차례대로 양말을 차는데, 뛰어오르려고 두 걸음 이상 도움닫기를 하면 안 됩니다. 양말을 찰 때는 균형을 잡아서 최대한 몸을 안 움직이도록 합니다. 착지하고 나면 한 걸음 이상 움직일 수 없어요. 도움닫기를 하다가 실수를 하거나 양말을 찬 뒤 균형을 잃고 몸을 움직이거나 양말을 차지 못하면 다시 한 번 찰 수 있는 기회를 얻습니다. 하지만 두 번째도 실패하면 탈락합니다.

모두 양말 차기를 한 뒤 탈락한 친구를 뺀 나머지 친구들이 다시 양말 차기를 합니다. 그때 대장은 막대를 좀 더 높이 듭니다. 마지막까지 남은 친구가 이기는 거예요.

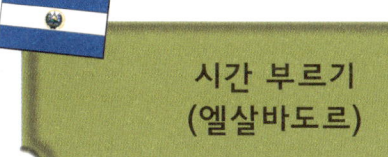

시간 부르기
(엘살바도르)

몇 명이 놀지? 13명
무엇이 필요하지? 긴 줄 1개
어디에서 놀지? 넓은 공간

열두 명이 한 걸음 이상 떨어져서 큰 원을 만들어요. 한 명은 원 가운데에서 줄을 잡고 서요. 열두 명이 만든 원은 시계, 친구들은 12시간을 의미하지요. 가운데 서 있는 친구는 줄을 시계 방향으로 땅바닥 가까이 빙빙 회전시켜요. 이때 발밑으로 지나가는 줄에 걸리지 않도록 뛰면서 큰 소리로 시간을 외쳐요. 첫 번째 친구는 뛰면서 "한 시", 다음 친구는 "두 시", 마지막 열두 번째 친구는 "열두 시"라고 외치며 뛰는 거예요.

줄을 밟거나 시간을 잘못 말하면 탈락해서 원 밖으로 나와야 해요. 탈락한 친구가 생기면 그 시간도 비게 되지요. 가운데에서 줄 돌리는 사람은 자기 마음에 드는 시간부터 다시 줄을 돌릴 수 있어요. 줄을 뛰어넘을 때 남은 친구는 빈자리를 생각해서 시간을 말해야 하지요. 세상에는 12시간이 안 되는 시계는 없으니까요!

시계의 시간 뛰어넘기
(페루-케추아 족)

몇 명이 놀지? 6명 이상
무얼 갖고 놀지? 긴 줄 1개
어디에서 놀지? 넓은 공간

두 사람이 긴 줄 끝 한 쪽씩 잡고 큰 원을 그리면서 돌려요. 나머지 사람들은 한 줄로 서 있다가 차례대로 줄을 뛰어넘으며 시간을 뜻하는 12까지의 수를 셉니다. 첫째 선수는 줄을 뛰어넘지 않고 줄 밑으로 통과해야 하는데, 줄에 몸이 닿으면 안 돼요. 줄 밑 통과는 숫자 '0'을 뜻해요. 둘째 선수는 줄을 한 번 뛰어넘어 친구들 뒤에 가 서요. 셋째는 두 번, 넷째는 세 번…… 앞 선수보다 한 번씩 더 뛰고 숫자가 '12'에 이르러 12번을 뛰어넘으면 끝나요. 줄에 닿거나 뛰어넘지 못하면 줄을 돌리는 두 친구 가운데 한 명과 바꾸고 숫자 '0'부터 다시 시작해요.

공 릴레이

고대에 '릴레이(relay)'는 배달부 혹은 말 타고 달려가 급한 문서나 명령을 전하는 사람을 뜻했어요. 오늘날 스포츠에서 이 단어는 팀 선수들이 교대로 이어서 경주하는 것을 말한답니다. 여러분은 이제 공으로 하는 특별한 릴레이 경주에 대해 알게 될 거예요!

다리에서 다리로
(파라과이)

몇 명이 놀지? 두 모둠으로 나눌 만큼 많은 사람
무엇이 필요하지? 공 2개
어디에서 놀지? 장애물 없는 넓은 곳

선을 하나 그리고 그 선을 중심으로 한 줄로 땅에 누워요. 머리를 선쪽으로 두고 20~30센티미터 정도 간격으로 선과 수직이 되도록 누워요. 대장 한 명이 각 모둠에서 가장 멀리 누워 있는 선수 다리에 공을 놓고 경기의 시작을 알립니다. 그러면 다리에 공이 놓인 선수는 다리를 구부려 손으로 공을 잡은 뒤 자기 머리 위에 누워 있는 선수 다리에 옮겨 줍니다. 이렇게 줄 맨 앞의 선수에게까지 공을 옮기는 겁니다. 공을 넘긴 첫 번째 선수는 일어나 선으로 달려가 이번에는 다리가 선을 향하도록 눕고 새로운 줄의 맨 앞 선수가 되어요. 다음 선수들도 차례대로 뒤를 이어서 새 긴 줄을 만듭니다.

이 놀이는 세 번 반복하는데, 선수들이 선으로 뛰어가서 눕는 것을 세 번 하게 되는 것이지요. 더 빨리 끝내면 이기는 겁니다. 공이 선수들 다리에서 떨어지면 가장 마지막으로 공을 옮겼던 선수가 누웠던 자리로 돌아와서 눕고, 앞 친구에게 공을 다시 옮겨야 합니다.

공중의 공
(아르헨티나)

몇 명이 놀지? 두 모둠으로 나눌 만큼 많은 사람
무엇이 필요하지? 공 1개
어디에서 놀지? 넓은 공간

우선 출발선을 그어요. A모둠 선수들은 출발선 오른쪽에 앞뒤로 길게 줄을 서고, B모둠은 출발선 건너편에 조금 떨어져서 공 하나를 갖고 원을 만들어 섭니다.

경기를 시작하면 A모둠 첫째 선수가 달려가서 상대편이 만든 원을 한 바퀴 돌아서 출발선으로 되돌아옵니다. 이번에는 출발선 왼쪽 부분에 서지요. 그러면 둘째 선수가 달려가 첫째 선수처럼 원을 돌고 첫째 선수 뒤에 섭니다. 이렇게 출발선 왼쪽에 새로운 줄을 만들면 경기가 끝납니다. A모둠 선수들이 달릴 동안 B모둠 선수들은 시계 방향으로 공을 전달하며 숫자를 셉니다. A모둠이 경주를 마치면 B모둠은 공 전달을 멈추지요. 두 모둠이 역할을 바꿔 놀이를 마쳤을 때, 새 줄을 만드는 동안 공을 많이 전달한 모둠이 승리합니다.

아시아
대륙 친구들은 어떤 놀이를 할까?

한국과 중국, 일본에서는 놀이에서
누가 처음 시작할지 정하는 것을 가위바위보로 한답니다.
가위는 검지와 중지만 펴서 가위 모양을 만들고,
바위는 주먹을 쥡니다. 보는 손가락 다섯 개를 모두 쫙 펴지요.
"가위바위보"라고 큰 소리로 외치며
동시에 가위와 바위, 보 가운데 하나를 선택해서
내고 이긴 사람을 가린답니다.

가위가 보자기를 이깁니다.
바위가 가위를 이깁니다.
보자기가 바위를 이깁니다.

아시아 · 겨루기 놀이

겨루기 놀이

말 경주
(카자흐스탄)

몇 명이 하는 놀이지? 홀수의 많은 사람
놀이에 뭐가 필요하지? 손수건
어디에서 놀지? 야외나 넓은 체육관

먼저 경기장 양 끝에 각각 선 하나를 그어요. 그 중 한 선 뒤에 두 명씩 짝 지어 섭니다. 한 명은 말이 되고 다른 한 명은 기수가 되는 거지요. 말이 된 친구는 허리를 앞으로 굽히고 두 팔을 펴서 다리 사이로 넣습니다. 기수가 된 친구는 말 역할 하는 친구의 두 손을 오른손으로 잡고 왼팔은 높이 들어요. 한 친구가 대장 역할을 맡아 건너편 선 끝에서 손수건을 손에 들고 섭니다.

대장이 "시작!" 하고 외치면 기수들은 자기 말을 몰아서 건너편 선에 있는 대장 쪽으로 가는데, 이때 잡고 있는 손을 놓치면 안 됩니다. 손을 놓치면 그 자리에서 5초 동안 서 있어야 합니다. 그 동안 대장은 손수건을 높이 들고 줄을 따라 걸어요. 줄 끝까지 가면 돌아서서 다시 반대쪽 끝을 향해서 걷습니다. 대장은 말 경주를 하는 친구들을 방해하거나 도움을 줘도 안 됩니다. 대장이 들고 있는 손수건을 기수가 잡으면 그 모둠이 이겨요.

겨루기 놀이·아시아

말과 카자흐스탄

몇 세기 동안 카자흐스탄 사람들은 가축을 기르며 물과 풀밭을 찾아 옮겨 다니는 유목 생활을 해 왔어요. 그래서 말은 이동 수단일 뿐 아니라 카자흐스탄 사람들의 삶에서 중요한 의미를 지니고 있답니다.

카자흐스탄에서는 어려서부터 말을 잘 다루는 것이 당연한 일이에요. 서너 살 때부터 말 타기를 배우기 시작해서 대여섯 살 정도 되면 뛰어난 기수가 된답니다.

카자흐스탄에서는 축제나 기념일에 말 타기 실력을 자랑합니다. 키즈 쿠우(Kyz-kuu) 축제 동안에 예비 신랑은 말을 타고 도망가는 예비 신부를 뒤쫓으며 사랑과 말 타기 실력을 보여 줘야 합니다. 예비 신부를 붙잡으면 키스를 선물로 받고 실패하면 신부가 채찍을 휘두른답니다!

가장 널리 알려진 카자흐스탄 전통 놀이 가운데 알라만-바이가(Alaman-baiga)란 놀이가 있는데, 말을 타고 장애물을 피해가며 몇 십 킬로미터를 달려서 기수의 능력을 겨루는 경주랍니다.

코코넛 열매 신발 신고 걷기 (타이)

몇 명이 하는 놀이지? 2명 이상
무엇이 필요하지? 1명당 코코넛 열매 껍데기 2개, 1.5미터의 굵은 끈
어디에서 놀지? 야외

우선 코코넛 열매 신발을 만들어야 해요. 코코넛 열매를 반으로 쪼갠 뒤 가장 둥근 껍데기를 2개 고릅니다. 고른 껍데기 중앙에 끈이 들어갈 만한 크기로 구멍을 하나 뚫습니다. 그 구멍에 끈을 넣고 껍데기 안쪽에 매듭을 지어서 끈이 빠지지 않게 합니다. 매듭 지은 부분을 땅 쪽으로 놓으

53

아시아 · 겨루기 놀이

면 코코넛 열매 신발 완성!
그리고는 맨발로 코코넛 신발 위로 올라가 샌들처럼 엄지와 검지 발가락 사이에 끈을 끼우고 손으로 줄을 꽉 잡고 섭니다. 출발선에 서 있다가 시작 신호와 함께 미리 정한 도착 지점을 향해서 빠르게 걷습니다. 코코넛 신발을 신고 잘 걸으려면 발 움직임에 맞춰서 잡고 있는 끈을 올리고 내려서 손과 발이 서로 맞아야 합니다. 목표에 가장 먼저 도착한 선수가 이기는 놀이랍니다. 타이에선 이 놀이를 던 칼라라고 불러요.

돌 치기 (중국)

몇 명이 있어야 하지? 많은 사람
뭐가 필요하지? 작은 돌 1개, 종이 몇 장
어디에서 놀지? 야외

먼저 돌에 종이를 감싸 돌이 딱딱하지 않게 합니다.
친구들은 모두 5분 동안 손을 뺀 몸의 다른 부위로 돌을 계속 쳐야 합니다. 돌을 칠 때마다 그것을 쳐낸 신체 부위의 이름을 말하고 돌을 몇 번이나 쳤는지 큰 소리로 세어야 합니다. 숫자를 헷갈리거나 신체 부위 이름을 잘못 말하거나 혹은 돌이 땅에 떨어지거나 손에 닿으면 처음부터 다시 수를 세어야 합니다. 이 놀이는 집중력이 필요하지요. 5분 동안 가장 많이 돌을 친 사람이 승리하게 됩니다.

> **제기차기**
> 우리나라에는 비슷한 놀이로 제기차기가 있어요. 제기를 한 발로 차는데, 많이 차는 사람이 이기는 거예요.

나라이 대왕 축제(King Narai Fair)
타이 롭부리에서는 17세기 아유타야 왕인 나라이 대왕을 기념하기 위해서 성대한 축제가 열린답니다. 나라이 대왕 축제는 전통 의복 행렬과 풍물 시장 그리고 다양한 전통 경기 등이 펼쳐지는데, 그 축제 기간에 어린이들은 던 칼라(Dern Kala)를 즐긴답니다.
나라이 대왕 축제는 타이의 전통을 널리 알리는 중요한 역할을 한답니다. 2월에 타이 롭부리를 방문하면 나라이 대왕 축제에 참가해 보세요. 관광객들도 타이 전통 의상을 입고 축제 행렬에 참가할 수 있고 여러 가지 경기에 도전해 볼 수 있답니다!

둥근 딱지치기 (중국)

몇 명이 놀지? 두 명, 그 이상도 가능
뭐가 필요하지? 한 사람에 10장씩의 둥근 종이딱지
어디에서 놀지? 어디에서나

우선 종이딱지를 준비해야 해요. 두꺼운 종이를 지름 약 8~10센티미터 정도의 원 모양으로 잘라요. 딱지 앞뒷면이 구분되게 한 면에 색칠해요. 친구가 두 명이라면 각각 5장의 딱지를 색칠한 면이 위로 오게 땅에 펴서 놓아요.

첫 번째 친구가 딱지 5장 가운데 1장으로 공격을 시작합니다. 땅바닥에 놓여 있는 상대편 딱지 아래로 자기 딱지를 살짝 집어넣고 자기 딱지를 손가락으로 톡 튕겨서 상대편 딱지가 공중에서 빙 돌아가게 합니다. 상대편 딱지가 한 번 이상 회전해야 하지요. 상대편 딱지가 회전하고 땅에 떨어졌을 때 딱지가 뒤집어져 흰색이 위로 오면 공격자가 이겨서 떨어진 딱지를 가져갑니다. 상대편 딱지를 뒤집지 못하

아시아·겨루기 놀이

딱지 꾸미기

색연필과 물감 등으로 한 면을 한 색으로 칠하거나 여러 가지 색으로 칠해서 딱지를 꾸며 보세요. 그리고 싶은 그림을 그려도 되고, 주제를 정해서 멋진 딱지를 만들어도 됩니다.
2명 이상이 딱지치기를 할 것이라면 둥글게 모여 앉아서 차례대로 공격합니다. 2명씩 짝을 지어서 겨루고 최종 승자를 가릴 수도 있지요.

면 상대편에게 딱지 1장을 줘야 합니다. 상대편 딱지를 모두 따거나 정한 시간 안에 딱지를 많이 딴 선수가 이깁니다.

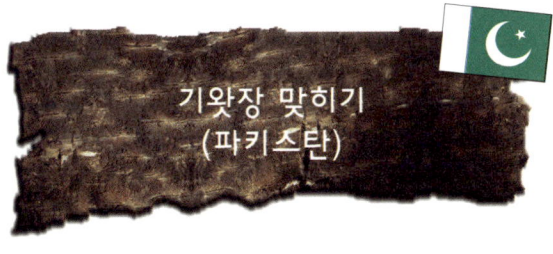

기왓장 맞히기 (파키스탄)

기왓장을 겹겹이 포개어 놓습니다. 모둠의 친구 한 명이 공을 차서 기왓장 더미를 맞추어 완전히 쓰러뜨려야 합니다. 공을 찰 기회는 세 번이에요.

기왓장을 모두 쓰러뜨렸다면, 그 친구는 밖으로 나와 다음 경기에서 제외됩니다. 기왓장 더미를 완전히 쓰러뜨리지 못하면 다른 모둠 친구가 공격하도록 기왓장을 쌓아 줍니다.

기왓장을 쓰러뜨린 모둠은 1점을 얻고 실패하면 상대팀이 1점을 얻습니다. 두 모둠이 번갈아 경기해서 한 모둠 선수들이 모두 밖으로 나왔을 때 경기가 끝납니다. 또는 경기 횟수를 정해서 가장 많은 점수를 얻은 모둠이 승리하게 됩니다.

몇 명이 놀까? 4명 이상의 두 모둠
무엇이 필요하나? 기왓장 7개(또는 평평한 돌판), 공 1개
어디에서 놀지? 야외

경기장을 그린 뒤 반으로 나눠서 한 부분씩 차지합니다. 반으로 가른 중앙선에

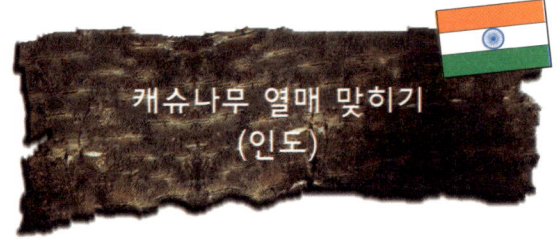

캐슈나무 열매 맞히기 (인도)

몇 명이 필요하지? 많은 사람
무엇이 필요하지? 캐슈나무 열매 12개
어디에서 놀이하지? 넓은 공간

캐슈나무 열매 12개를 한 줄로 나란히 땅에 놓습니다. 첫 번째 열매에서 열 걸음 정도 떨어져서 열매들과 수직이 되도록 선을 하나 긋습니다. 누가 먼저 시작할지 순서를 정하는데, 이 순서에 따라서 위치도 달라집니다. 첫 번째 선수는 열매 바로 앞에 서고 두 번째 선수는 첫 번째 선수의 오른편에, 세 번째 선수는 왼편에 섭니다. 네 번째 선수는 두 번째 선수의 오른편에 서고 다섯 번째 선수는 세 번째 선수의 왼쪽에 서며, 다른 선수들도 이렇게 선을 따라서 섭니다.

첫 번째 선수가 놓아둔 열매들을 향해 열매 하나를 던져서 가능한 많은 열매를 맞혀야 합니다. 놓여있던 열매에 맞아 튕겨져 나간 것은 얻을 수 없고 오직 열매를 던져서 맞힌 열매만 가져갈 수 있습니다. 얻은 열매를 뺀 나머지 열매들을 다시 한 줄로 세운 뒤 두 번째 친구가 열매

아시아 · 겨루기 놀이

를 던집니다. 친구들이 한 번씩 열매를 던지면 열매 수는 점점 줄어들죠.
열매를 던질 때는 처음 정한 위치에서 이동할 수 없어요. 만약 처음에 가장 멀리 놓여 있는 열매를 맞힌다면 나머지 열매를 모두 가질 수 있고, 놀이는 다시 시작되지요. 열매 한 개당 1점을 얻는 것인데, 가장 많은 점수를 얻은 친구가 이겨요.

캐슈나무 열매 속에 있는 씨를 캐슈너트라고 합니다. 큰 콩처럼 생겼는데 볶아 먹으면 고소하고 달콤해요. 인도 어린이들은 캐슈나무 열매를 갖고 놀지만, 작은 돌이나 밤 같은 열매를 갖고 놀 수 있답니다.

팽이치기
(말레이시아)

몇 명이 놀지? 8명
무엇이 필요하지? 한 사람마다 팽이 1개씩
어디에서 놀지? 넓은 공간

친구들을 4명씩 두 모둠으로 나눈 뒤 한 쪽 모둠의 친구들이 동시에 팽이를 쳐서 돌립니다. 같은 편 팽이끼리 부딪히지 않도록 주의해야 해요. 다른 모둠도 두세 발자국 떨어져서 팽이를 돌리는데, 상대편 팽이가 쓰러지도록 공격합니다. 공격 모둠은 공격권을 네 번 갖습니다. 네 번 공격으로 상대 팽이가 모두 넘어지면 공격권을 바꾸어 다시 경기합니다. 네 차례의 공격이 실패해 팽이가 계속 돌면 그 팽이가 돈 시간을 기록해 둡니다.

시작하기 전에 경기 횟수를 정하고 공격권을 바꿔 가며 겨루다가 가장 오래 팽이가 돈 모둠이 승리하게 됩니다.

겨루기 놀이·아시아

팽이치기는 약 2000년 전부터 전 세계에서 즐기던 놀이죠. 원래는 땅이 기름지기를 바라던 종교 의식이었지요. 고대 로마 시대의 카토 장군은 유럽 어린이들에게 팽이치기 놀이를 소개했답니다. 유럽인들이 아메리카 대륙을 발견하기 훨씬 전부터 아메리카 대륙의 원주민들은 팽이치기를 했는데, 북아메리카 이누이트족은 얼음 위에서 팽이치기를 했어요. 한국에서도 아이들이 팽이치기를 즐겨하지요. 일본은 팽이 만드는 장인이 있을 정도로 정교하고 다양한 팽이가 많답니다. 아프리카에서는 팽이에 오목하게 줄을 파서 팽이가 돌 때 휘파람 소리가 나도록 만든답니다.

공기놀이 (인도네시아)

몇 명이 놀지? 5~6명
뭐가 필요하지? 밤톨 만한 돌 80개와 작은 그릇, 콩 종류나 씨앗, 사탕도 괜찮아요
어디에서 놀지? 어디에서나

인도네시아에서는 공기놀이를 할 때 둥글게 모여 앉아 밤톨 만한 돌 10~15개 정도를 자기 앞에 둡니다. 나머지 공깃돌은 그릇에 담아 가운데 놓습니다. 친구들은 차례대로 공깃돌 하나를 손등에 올려

아시아 · 겨루기 놀이

놓았다가 공중에 던집니다. 그 공깃돌이 땅에 떨어지기 전에 재빨리 같은 손으로 그릇 안에 있는 공깃돌 하나를 집은 뒤 던진 공깃돌도 잡아야 합니다. 성공하면 그릇 안에 있는 공깃돌 하나를 가집니다. 실패하면 자기 공깃돌 하나를 그릇에 담아야 합니다. 그릇 속의 공깃돌이 다 없어질 때까지 계속해요. 공깃돌을 가장 많이 가진 친구가 이깁니다.

투호놀이 (한국)

몇 명이 놀지? 두 명 이상 많은 사람
무엇이 필요하지? 큰 항아리, 화살
어디서 놀지? 너른 곳 어디에서나

마당이나 운동장에 항아리를 하나 놓아요. 그리고 항아리 뒤에 10걸음 쯤 떨어진 곳에 선을 하나 긋고, 선에 서서 항아리 속으로 화살을 던져 넣어요. 모둠을 만들어 가위바위보로 순서를 정해요. 화살 색깔을 다르게 하여 어느 모둠의 화살인지 알 수 있게 해 주세요. 시작을 알리면 이긴 모둠이 먼저 항아리 속에 화살을 던져 넣고, 다른 모둠도 화살을 던져 넣어요. 화살을 제일 많이 넣은 모둠이 승리하는 거예요. 화살 대신 나뭇가지를 가지고 놀아도 됩니다.

오목 (일본)

몇 명이 필요하지? 두 명
무엇이 필요하지? 오목판 만들 종이 한 장, 150개 정도의 말(작은 돌이나 콩)

어디에서 놀지? 어디에서나

종이에 가로 세로 각각 13개의 칸을 그리면 169개의 네모와 196개의 교차점이 있는 오목판이 완성되지요. 친구 두 명은 색이 다른 말을 70~80개씩 가집니다. 흰 말과 검은 말을 사용하거나 종류가 다른 콩이나 곡류를 사용할 수 있습니다. 한 친구가 오목판 교차점 중 한 곳에 말을 두며 경기를 시작하면 상대 친구도 다른 교차점에 말을 둡니다. 번갈아가며 교차점에 말을 두는데 먼저 가로나 세로, 대각선으로 말 5개를 나란히 놓는 친구가 이깁니다. 상대의 말 4개가 잇달아 있고 다음 교차점이 비었다는 것을 알아채지 못하고 막지 않으면 지게 됩니다. 또한 자신이 어디에 말을 둘지 상대방이 알아채지 못하도록 생각하면서 말을 둬야 하지요.

오목의 유래

오목 놀이는 약 4천 년 전 중국에서 '고'라고 부르는 놀이에서 유래했어요. 1000년 전에 한국을 통해 일본에 전해져서 널리 퍼졌지요. 한국에는 '바둑' 놀이도 있는데, 오목과 비슷한 판과 말을 사용해요. '고' 경기판은 가로와 세로가 각각 19칸으로 이루어져 있으며, 흰색 말과 검은색 말을 사용하지요. 종류에 따라서 가로와 세로가 각각 13칸, 15칸인 판을 사용하기도 하지요. 오랫동안 고 경기를 하다가 긴장을 풀기 위해서 잠깐씩 하던 놀이가 바로 오목 놀이지요.

고는 규칙과 경기 목표가 단순하지만 복잡한 전략이 필요해요. 장기판의 교차점에 말을 이용해 '집'을 만들어 상대편 말을 포위해서 제거해 가는 놀이지요. 쉬울 것 같지만 며칠 동안 경기가 안 끝날 수도 있어서 머리를 많이 써야 한답니다!

세계의 다양한

홉스코치
(영국)

마렐
(프랑스)

세띠마나
오 캄파나
오 몬도
(이탈리아)

라이우엘라
(콜롬비아)

죠코 델라 테골라
(페루)

땅따먹기 놀이

템펠후입펜
(독일)

그와인
(네팔)

익스벤
(이스라엘)

아카리아 두카리아
(인도)

땅따먹기 놀이는 나라마다 부르는 이름이 다르답니다. 기본은 비슷하지만 놀이 방식도 다양해요. 고대 로마 유적지인 포로 로마노 광장에는 땅따먹기 놀이 흔적이 남아 있어요. 땅따먹기 놀이가 아주 오래전부터 해 오던 놀이라는 것을 알 수 있지요.

땅따먹기 땅은 정사각형이나 직사각형, 삼각형, 반원 등 여러 모양이 있어요. 땅따먹기 땅 그리는 것이 참 재미있어요. 어린이들은 상상력을 더해서 새로우면서도 까다로운 땅따먹기 땅을 만들기도 한답니다.

몇 명이 놀이해? 2명 이상
뭐가 필요해? 분필, 판판한 돌
어디에서 놀이해? 야외

모래나 흙땅에서는 막대기로, 아스팔트에는 분필로 땅따먹기 땅을 그려요. 그림들을 참고해서 그려 보세요. 각 땅 너비는 30센티미터 정도가 좋답니다.

땅따먹기 놀이 일반 규칙

작고 판판한 돌을 1번 땅에 던집니다. 판판한 돌이 굴러가지 않아서 유리합니다. 한 발로 뛰어 1번 땅으로 들어가서 돌을 집습니다. 다른 발이나 손이 땅에 닿지 않도록 주의해야 합니다. 그런 다음 뒤돌아서 1번 땅 밖으로 뛰어 나오면 됩니다. 다음에는 2번 땅에 돌을 던지고 한 발로 1번과 2번 땅으로 차례차례 뛰어 들어가서 돌을 집고 다시 1번 땅으로 뛰었다가 밖으로 나옵니다. 이런 방식으로 맨 끝 땅까지 갑니다.

돌이 다른 땅으로 떨어지거나, 선을 밟거나, 다른 발이 땅에 닿으면 다음 친구에게 기회가 돌아갑니다. 한 차례씩 기회가 돌아갔으면, 첫 번째 친구가 틀려서 물러났던 땅에 돌을 던지고 다시 땅따먹기를 시작합니다.

맨 마지막 땅에는 다른 땅보다 크게 그린 '집'이나 '하늘'이 있는데 거기에서는 두 발로 디딜 수 있습니다. 가장 빨리 모든 땅을 갔다 온 친구가 이기지요.

땅이 앞뒤로 있을 경우는 한발로 깡충깡충 뛰어 건너고, 땅이 두 개 옆으로 이어져 있을 경우에는 두 발을 동시에 각 땅에 한 발씩을 디딥니다.

이런 방법도 있어요 1

인도 어린이들은 땅따먹기를 할 때 손이 아니라, 한 발로 돌을 던집니다. 맨발로 노는 것이 편해서 부드러운 땅이나 해변에서 주로 하지요. 한 발을 들고 다른 발로 돌을 1번 땅으로 차거나 밀어 넣어야 하는데 돌이 땅에 들어갈 때까지 다시 할 수 있어요. 1번 땅에 돌을 넣으면 한 발로 1번 땅으로 들어가 2번 땅으로 돌을 차서 넣습니다. 이렇게 돌을 차서 마지막 땅까지 갔다가 되돌아옵니다. 선을 밟거나 다른 발을 땅에 디디면 다음 차례의 친구가 놀이를 시작합니다.

이런 방법도 있어요 2
영국이나 네덜란드에서는 돌을 손등에 얹어서 옮깁니다. 돌이 떨어지지 않게 한 발로 균형을 잡고 멈추지 않고 모든 땅을 통과합니다. '집'이나 '하늘'에서는 두 발을 땅에 디딜 수 있으며, 손등에 얹은 돌의 균형을 다시 잡을 수 있습니다. 모든 땅을 통과해서 돌아오면 친구들이 어느 부분에 돌을 올려놓을지 정해 줍니다. 이마, 팔뚝, 어깨 등에 돌을 올려놓고 다시 시작합니다.

이런 방법도 있어요 3
특이하게도 돌을 사용하지 않는 땅따먹기도 있답니다. 이스라엘 어린이들은 돌 없이 땅따먹기 놀이를 한답니다. 대신 땅에 발을 디딜 때마다 정해진 주제에 속하는 단어 하나씩을 말해야 합니다. 8개로 나눈 땅에 다음과 같

이 주제를 정합니다.

첫 번째 땅 : Ics
두 번째 땅 : 남자아이 이름
세 번째 땅 : 여자아이 이름
네 번째 땅 : 색 이름
다섯 번째 땅 : 알파벳 이름
여섯 번째 땅 : 숫자
일곱 번째 땅 : 동물 이름
여덟 번째 땅 : Ben

첫 번째 단어 익스(Ics)와 마지막 단어 벤(Ben)은 항상 바로 그 낱말을 말하고, 두 번째 땅부터 일곱 번째 땅까지는 각 주제에 어울리는 단어를 하나씩 말해야 합니다. 예를 들어 "익스, 루카(남자아이 이름), 마틸데(여자아이 이름), 파랑(색 이름), M(알파벳 이름), 2(숫자), 코끼리(동물 이름), 벤"을 외칩니다.

단어를 정확히 말하면서 모든 땅을 통과했다면, 두 번째에는 각 땅마다 단어를 두 개씩 말합니다. 즉 첫 번째 땅에서 "익스 익스"라고 말하고, 두 번째 땅에서 "마리오 루이지"처럼 남자 이름 두 개, 세 번째 땅에서 "실비아 마리아"처럼 여자 이름 두 개를 말합니다. 이와 같은 식으로 단어 수를 계속 늘리며 놀이를 합니다.

아시아 · 숨 참기 놀이

숨 참기 놀이

술래가 숨을 참으면서 도망치는 친구들을 쫓아가 잡는 놀이는 술래가 얼마나 오래 숨을 참을 수 있는지에 따라서 놀이 시간이 달라진답니다. 다른 술래잡기와 다르게 이 놀이는 술래가 숨을 참기 때문에 다시 숨을 쉴 수 있는 기회가 올 때까지 힘을 낭비하지 않고 빨리 달려야 하는 어려움이 있답니다!

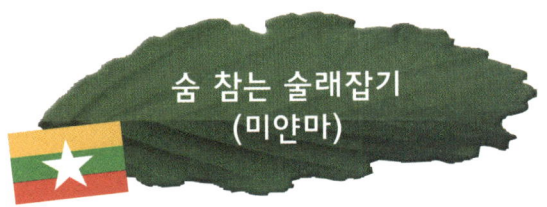

숨 참는 술래잡기 (미얀마)

몇 명이 놀이하지? 4명
무엇이 필요하지? 아무것도 필요 없어요
어디서 놀지? 야외

땅에 긴 선을 하나 그립니다. 두 명씩 짝을 지은 뒤 선을 가운데 두고 각 모둠이 마주보고 섭니다. 한 모둠 선수 한 명이 숨을 깊게 들이마십니다. 숨을 마신 뒤 "테에에에(Teee…h)"라고 소리를 내며 선을 건너서 상대 모둠 친구를 잡기 위해서 뛰고, 상대 모둠 친구들은 붙잡히지 않도록 도망가지요. 놀이를 하는 동안에 술래는 절대로 다시 숨을 쉬면 안 되고 계속 소리를 내야 합니다. 술래가 참지 못하고 숨을 뱉으면, 반대로 상대 모둠 친구들이 술래를 잡으려고 쫓아갑니다. 술래는 잡히지 않게 빨리 선을 넘어서 자기 모둠 땅으로 되돌아와야 합니다.

술래가 상대 친구를 잡거나 상대 모둠 친구들이 술래를 붙잡으면 1점을 얻습니다. 이어서 다른 모둠의 친구 가운데 한 명이 술래가 되어 숨을 참고 "테에에에" 소리를 내며 술래잡기 놀이를 합니다. 친구들이 차례로 술래 역할을 해서 경기 전에 정한 점수를 먼저 얻으면 모둠이 승리!

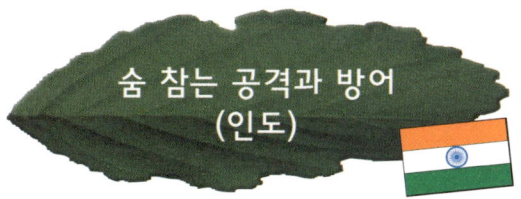

숨 참는 공격과 방어 (인도)

몇 명이 놀지? 12명 이상
무엇이 필요하지? 아무것도 필요 없어요
어디에서 놀지? 야외

두 모둠으로 나눠 경기장을 반으로 가른 선을 사이에 두고 각 진영에 섭니다. 시작 신호와 함께 먼저 공격할 모둠에서 1명씩 나와 중앙선을 넘어 적진으로 들어가 상대 모둠 친구를 손으로 치고 다시 중앙선을 넘어 돌아오면 점수를 얻습니다. 이때 공격하는 친구는 숨을 쉬지 않고 참으면서 "카바디 카바디(Kabaddi Kabaddi)"라고 계속 외쳐야 합니다. 공격자의 손에 맞은 사람은 탈락해서 밖으로 나갑니다.

방어하는 모둠 친구들은 공격하는 친구 손에 맞지 않게 피해 다니면서, 동시에 공격자가 선을 넘어 되돌아가지 못하도록 앞을 가로 막거나 잡을 수 있습니다.

공격자가 붙잡히거나 숨을 못 참고 내쉬면 탈락합니다. 공격자가 탈락하면 두 모둠이 역할을 바꿔 다시 합니다. 하지만 이미 탈락한 친구들은 공격할 수 없습니다. 가장 먼저 상대편 친구들을 모두 탈락 시킨 모둠이 이깁니다.

신부 놀이 (방글라데시)

몇 명이 놀지? 8~10명
무엇이 필요하지? 아무것도 필요 없어요
어디에서 놀지? 야외

두 모둠로 나누어 한 모둠 중에서 신부와 신부를 보호할 신랑을 한 명씩 고릅니다. 둘은 손을 잡고 다른 친구들은 신랑 신부 주위에 반원을 만들어 섭니다. 상대 모둠 친구들은 넓게 퍼져서 자리를 잡습니다. 신부가 신랑 손을 놓고 모둠 친구들 반대편을 항해서 뛰기 시작하면 상대 모둠은 신부를 잡으러 쫓아갑니다. 신랑은 숨을 참으면서 신부가 경기장 맞은편까지 갈 수 있도록 보호해야 하지요. 신랑은 상대 모둠 친구들을 칠 수 있는데, 신랑 손에 닿은 친구는 탈락합니다.

신부가 맞은편에 도착하면 새 신부를 뽑아 다시 놀이를 합니다. 상대편이 신부를 잡으면 역할을 바꾸어 놀이를 시작합니다.

유럽
대륙 친구들은 어떤 놀이를 할까?

이탈리아 어린이들은 '홀수 짝수'라는
단순한 게임으로 놀이 순서를 정합니다.

친구들은 먼저 짝수와 홀수 중 하나를 선택합니다.
그리고 한 손을 등 뒤에 숨기고 손가락을 몇 개 펼지 생각합니다.
동시에 손을 내밀고 펼친 손가락이 모두 몇 개인지 더합니다.
펼친 손가락 수를 모두 더해서
짝수면 짝수를 선택한 친구가 이기고
홀수면 홀수를 선택한 친구가 이기는 거랍니다.

겨루기 놀이

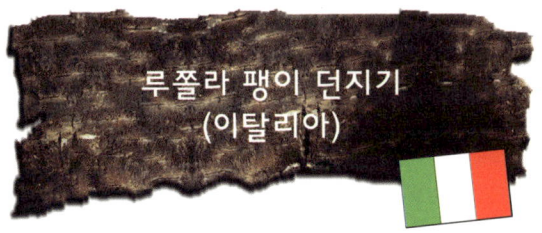
루쫄라 팽이 던지기 (이탈리아)

몇 명이 놀지? 6명 이내 여러 모둠
무엇이 필요하지? 원반 모양 팽이
어디에서 놀지? 넓은 공간

경기를 시작하기 전에 땅에 표시를 해서 팽이를 돌릴 코스를 정합니다. 주변에 있는 사물을 기준으로 도착 지점을 정해서 코스를 만들 수도 있습니다.

이탈리아에서 처음 이 놀이를 시작한 사람들은 양치기였어요. 나무 대신 원통 모양의 치즈를 사용했지요.
루쫄라 팽이 놀이에 대한 전설이 있답니다. 어느 남작과 하인 파스쿠알레 사이에 논쟁이 일어났어요. 결국 남작과 하인은 루쫄라 팽이 던지기를 해서 결정하기로 했지요. 하지만 둘 다 루쫄라 실력이 뛰어나서 경기를 끝내지 못했답니다. 오늘날에도 축제가 열리는 밤이 되면 남작과 하인이 나타나 루쫄라 팽이를 던진다고 합니다.

시작 신호와 함께 모둠의 첫 번째 친구가 팽이를 던집니다. 팽이에 감긴 줄이 한 번에 풀려야 팽이가 멀리 나가요. 팽이가 멈추면 멈춘 자리에서 두 번째 친구가 팽이를 던집니다. 도착 지점까지 모둠 구성원들이 차례대로 팽이를 던지며 갑니다. 가장 적게 팽이를 던져서 도착 지점에 닿은 모둠이 승리한답니다. 팽이가 코스를 벗어나면 벗어나기 직전에 있던 지점으로 돌아와 다시 팽이를 던집니다.

루쫄라 팽이가 뭐예요?
이탈리아 전통 팽이인 루쫄라는 나무로 만든 두꺼운 원반 같아요. 지름 약 15센티미터, 두께는 손가락 3~4개 정도지요. 루쫄라 팽이에 줄을 둘러 감고, 줄 끝에 손가락 하나가 들어 가는 고리를 만듭니다. 고리에 손가락을 끼우면 팽이에 감긴 줄을 풀어 던질 때 보다 멀리 던질 수 있어요. 루쫄라 팽이는 고대 로마 시대부터 즐기던 놀이랍니다.

70

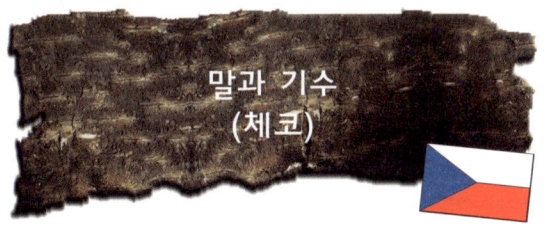

말과 기수
(체코)

몇 명이 놀지요? 두 명씩 여러 모둠
무엇이 필요하나요? 눈가리개, 초시계
어디에서 놀지요? 넓은 공간

우선 놀 곳에 의자나 신문지, 공 등 주변에 있는 물건들을 흩어 놓아 장애물을 만듭니다. 두 명씩 짝 지어 모둠을 이루고, 각각 말과 기수 역할을 할 사람을 정합니다. 말 역할의 선수는 눈을 눈가리개로 가리고, 기수는 옆에 섭니다. 기수는 말이 장애물에 걸려 넘어지지 않고 코스를 통과하도록 말로 방향을 설명해 줘야 합니다. 말이 장애물에 걸리면 벌칙으로 5초 동안 그 자리에 멈춰 서야 합니다. 한 모둠씩 코스를 통과하는데, 심판 한 명이 초시계로 각 모둠의 도착 시간을 잽니다. 벌칙으로 멈춰 있던 시간까지 포함해서 기록해야지요. 가장 빨리 코스를 통과한 모둠이 승리!

기수는 말에게 방향을 알려주는 것 외에도 앞으로 어떤 코스가 나오는지 설명해 주면 놀이를 더 재미있게 즐길 수 있어요. 하지만 기수의 설명이 틀리면 말이 장애물에 걸려 5초 동안 정지해야 한답니다.
말이 걷는 방법을 단계별로 정해 놓는 것도 이 놀이를 즐기는 방법입니다.
- 1단계 : 산책하듯이 천천히 걷기
- 2단계 : 무릎 들어 조금 빨리 걷기
- 3단계 : 보폭을 넓혀서 빠르게 걷기

유럽 · 겨루기 놀이

그림자 사냥 (독일)

몇 명이 하는 놀이지? 6명 이상
무엇이 필요하지? 아무것도 필요 없어요
어디에서 놀지? 해가 잘 드는 낮 야외

맑은 날 무슨 놀이를 할 수 있을까요? 그림자 사냥을 해 보는 게 어때요? 먼저 사냥꾼 한 명을 정하고 둥글게 모여 노래를 부르며 놀이를 시작해요.

"사랑스런 태양아, 몸속까지 추우니
이리 와서 빛을 비춰 주렴.
사랑스런 태양아, 손이 추우니
이리 달려와서 빛을 비춰 주렴."

놀이를 시작하면 친구들은 사냥꾼을 피해서 도망다닙니다. 사냥꾼이 그림자를 밟으면 사냥꾼에게 잡힌 거예요. 그러면 탈락해서 경기장 가장자리에 가서 앉습니다. 탈락한 친구는 항상 태양 아래에 가만히 앉아 있어야 하는데, 그림자가 도망가지 못하게 하기 위해서랍니다! 사냥꾼이 모든 친구들 그림자를 밟으면 다시 노래를 부르며 사냥꾼 역할을 할 사람을 고르고 경기를 시작합니다.

그림자를 밟힌 친구가 곧바로 사냥꾼이 되어 계속해서 잡기 놀이를 할 수도 있어요. 끝까지 그림자를 밟히지 않는 체력 좋은 선수가 이긴답니다!

병뚜껑 경주 (이탈리아)

몇 명이 필요하지요? 2명 이상
무엇이 필요하지요? 한 사람마다 병뚜껑 한 개씩
어디에서 놀지요? 야외 또는 집

길거리에서 병뚜껑 경주를 할 경우에는 분필이나 나뭇가지, 작은 돌을 이용해서 5~6미터 정도로 코스를 표시해요. 집에서는 구두나 스카프, 병 등을 이용하세요. 코스를 따라서 곳곳에 중간 지점을 여러 개 표시하고 도착 지점도 정합니다. 친구들은 병뚜껑을 한 개씩 준비합니다. 다른 친구 것과 구별되게 병뚜껑에 다른 색을 칠하거나 그림을 오려서 붙여요. 옛날에는 자전거 선수 그림을 오려 붙이곤 했는데, 이 놀이가 자전거 경주와 비슷하

> 작가 제임스 배리가 쓴 유명한 이야기의 주인공 이름은 무엇일까요?
> 이 주인공은 자기 그림자를 도둑맞았답니다.

병뚜껑 경주는 아주 오래 전에 시작되어 이탈리아 여러 도시로 널리 퍼졌어요. 1993년 이탈리아에서는 '병뚜껑 경주 이탈리아 연맹'이 만들어져 매년 병뚜껑 경주 챔피언을 가린답니다. 경기가 열리면 보기 드문 병뚜껑을 볼 수도 있답니다.

기 때문이래요.

병뚜껑을 출발선에 나란히 놓고 미리 정한 순서에 따라서 차례대로 병뚜껑을 손가락으로 가볍게 튕겨서 앞으로 나아가게 합니다. 한 친구마다 3번의 기회가 있습니다. 병뚜껑이 코스 밖으로 나가지 않도록 주의해야 해요. 코스 밖으로 나가면 다음 친구가 경기를 이어갑니다. 다시 자기 차례가 되면 코스를 벗어나기 전에 병뚜껑이 놓여 있던 곳 가까운 지점에서 출발합니다.

올가미 던지기 (포르투갈)

몇 명이 필요하나요? 많은 사람
무엇이 필요하나요? 줄, 색깔 리본 2개, 라꼬(라꼬 만드는 법 참고)
어디에서 놀이하나요? 야외나 넓은 곳

나무 두 그루가 약간 떨어져 있는 곳을 찾아 나무의 1.5미터 정도 높이에 줄을 탄탄하게 묶어서 연결합니다. 그 줄에 색 리본 두 개를 0.5미터 간격으로 달아요. 자, 이제 라꼬를 사용할 차례예요!
라꼬를 잘 잡고 나무에서 열 걸음 정도 떨어진 곳에 섭니다. 왼손으로 작은 주머니에서 몇 센티미터 떨어진 데에서 줄을 팽팽하게 잡습니다. 오른손은 큰 주머니

유럽·겨루기 놀이

에서 한 뼘 정도 떨어진 부분을 잡습니다. 무거운 쪽의 주머니가 회전하도록 라꼬를 돌리다가 적당한 순간이 되면 라꼬의 줄을 놓습니다. 라꼬가 두 나무 사이에 연결된 줄을 향해 날아가도록 집중해서 던져야 해요! 리본으로 표시한 부분에 라꼬가 걸리면 이긴답니다.

라꼬 만드는 법
길이가 80센티미터 정도 되는 굵은 줄과 비닐봉지 2장 그리고 모래가 필요해요. 비닐봉지 하나에 모래 5줌을 넣어 모래주머니를 만듭니다. 한 줌은 한 손에 쥘 정도의 양이에요. 다른 봉지에는 8줌의 모래를 담습니다. 그 뒤 줄 끝에 모래주머니를 하나씩 묶어요. 모래가 쏟아지지 않도록 꽉 매어야 합니다.

동전 던지기 (이탈리아)

몇 명이 필요하나요? 4~8명
무엇이 필요하나요? 동전 여러 개
어디에서 놀이하나요? 어디에서나

첫 번째 친구가 땅 위에 동전 한 개를 놓은 뒤 나머지 동전들을 공중으로 던집니다. 땅에 떨어진 동전 가운데 미리 땅에 놓아 둔 동전과 윗면이 같은 것을 가져갈 수 있습니다. 나머지 동전으로 다음 차례의 친구들이 같은 방식으로 경기를 해요. 더 이상 던질 동전이 없으면 각자 가진 동전 수를 셉니다. 동전 한 개마다 1점의 점수를 얻습니다. 다시 경기를 할 순서를 정한 뒤 두 번째 경기를 시작합니다. 동

전 던지기 놀이에서 이기려면 다른 친구들보다 3배 많은 점수를 얻어야 합니다.

흉내 음악회 (에스파냐)

몇 명이 필요하나요? 많은 사람
무엇이 필요하나요? 아무것도 필요 없어요
어디에서 놀이하나요? 어디에서나

이 놀이는 차분하면서도 재미있고 무엇보다도 음악과 함께한답니다! 친구들은 각자 악기를 하나씩 선택해서 소리와 모습으로 악기 연주를 흉내 내야 합니다. 오케스트라가 준비되면 지휘자 한 명을 뽑습니다. 다른 음악가들은 지휘에 맞춰서 악기 연주를 흉내 냅니다. 공연을 하다가 지휘자는 연주자 한 명을 선택해서 자신과 역할을 바꿀 수 있는데, 선택된 연주자는 달려가서 지휘자가 되어야 하고 지휘자였던 사람은 연주자의 악기를 대신 연주 흉내 냅니다. 지휘자 자리에 다른 악기 연주자가 많이 올라갈 것입니다.

노래가 끝날 때 지휘자 자리에 있었던 사

오르간은 피아노와 비슷한데, 건반과 25개의 파이프로 이뤄진 악기지요. 일정하게 놓인 파이프의 아랫부분에는 구멍이 하나 있어서 건반을 누르면 그 구멍으로 공기가 들어갑니다. 파이프 속으로 들어간 공기가 진동하면서 소리를 내는 것이랍니다.

유럽·겨루기 놀이

람이 새로운 곡을 선택할 권리가 있습니다. 같은 규칙으로 놀이를 다시 시작할 수 있답니다.

> **병으로 오르간 만들기**
> 목 부분이 좁은 병을 5~6개 준비합니다. 병 안에 서로 다른 높이로 물을 담고 병 입구를 후 불면, 병 안에 있는 공기가 진동해서 병마다 다양한 음을 낸답니다.
> 병마다 다른 음을 내는 이유는 병 속에서 공기가 차지하는 부피가 다르기 때문이에요. 병에 채워진 물이 적을수록 병 안 공기의 부피가 크기 때문에 공기가 진동하는 속도가 느려집니다. 소리의 높낮이는 공기의 진동 속도에 따라 달라진답니다. 공기의 진동 속도가 빠르면 높은 음이 나고 반대로 느리면 낮은 음이 나게 됩니다.

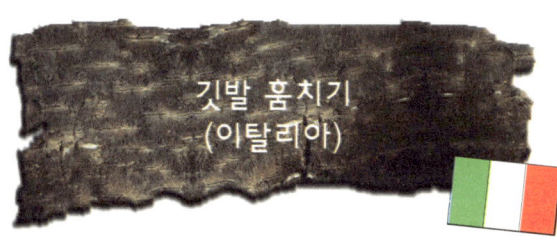

깃발 훔치기 (이탈리아)

몇 명이 놀지? 두 모둠으로 나눌 인원
무엇이 필요하지? 손수건이나 천 조각
어디에서 놀지? 넓은 공간

깃발로 쓸 손수건이나 천 조각을 준비하고 심판 한 명을 정합니다. 심판은 간단한 게임으로 정해도 되고 뛰어다니기 싫은 친구가 해도 됩니다.

친구들을 두 모둠으로 나눠 각자 숫자 1부터 차례대로 번호를 정해요. 심판은 경기장을 반으로 나누는 중앙선에 서서 손에 깃발이 펄럭이도록 들고 있습니다. 두 모둠은 각각 중앙선에서 열다섯 걸음 떨어진 곳에 선을 그어서 자기 모둠 진영을 표시합니다. 그 선에 맞춰서 친구들이 정한 번호대로 나란히 섭니다. 마주보고 있는 상대 모둠 친구의 번호가 같아야 합니다. 준비가 끝나면 심판은 큰 소리로 번호 하나를 부릅니다. 그러면 두 모둠에서 그 번호에 해당하는 친구가 나와서 심판이 든 깃발을 차지하려고 뛰어갑니다. 이때 상대 모둠 진영으로 넘어가거나 중앙선을 밟으면 1점을 잃게 되어요. 심판에게서 깃발을 빼앗은 친구는 자기 진영 끝까지 깃발을 가져와야 합니다. 깃발을 가지지 못한 친구는 상대편 진영으로 달려가서 상대편 친구가 도착 지점에 닿기 전에 손으로 선수를 쳐야 하지요. 깃발을 들고 도착 지점까지 무사히 도착하면 1점을 얻고, 상대 선수 손에 닿으면 1점을 잃게 됩니다.

> 깃발 훔치기 놀이는 더 높은 점수를 얻으려고 경쟁해야 하지만 재미도 느낄 수 있답니다. 번호가 불린 선수들이 동시에 심판에게서 깃발을 뺏는 경우가 자주 생깁니다. 이때 깃발을 먼저 빼앗아 도망갈 수 있는 아이디어를 떠올려 상대 선수를 혼란스럽게 만들면 더욱 재미있습니다. 거짓 행동을 한다거나 약간의 몸싸움, 암호로 된 메시지를 보내며 재치를 발휘해 보세요.

겨루기 놀이 · 유럽

손뼉치기
(우크라이나)

둥글게 모여, 술래 한 명을 정해서 잠시 멀리 떨어져 있게 합니다. 술래가 멀어지면 나머지 사람들은 대장 한 명을 뽑습니다. 대장이 손뼉을 치고 손가락을 튕기면 나머지 사람들은 재빠르게 똑같이 따라 합니다. 그동안 술래가 돌아와서 원 가운데에 섭니다.

대장은 손뼉을 두 번 치거나 손가락을 두 번 튕기는 행동을 바꿔 가며 하는데, 그때마다 모두 다 "산티스 판티카 림포포 (Santies-Fantica-Limpopo)!"하고 외칩니다. 술래는 누가 대장인지 알아맞혀야 합니다. 대장을 알아맞히면 상을 받고 실패하면 벌칙을 받습니다.

몇 명이 놀이하지? 많은 사람
무엇이 필요하지? 아무것도 필요 없어요
어디에서 놀지? 야외나 체육관

우크라이나에서는 종종 벌칙으로 옷 벗고 놀이 장소나 거리를 뛰기도 합니다. 우크라이나는 기온이 낮기 때문에 무서운 벌칙이 될 수 있겠죠!

유럽 · 겨루기 놀이

이탈리아에서는 벌칙 받는 사람이 몇 가지 벌칙 중 하나를 선택할 수 있습니다. 벌칙을 받는 사람에게 다섯 손가락 가운데 하나를 꼽으라고 합니다. 각 손가락에는 말하기, 뛰기, 뽀뽀하기, 편지 쓰기, 유언하기 같은 벌칙이 정해져 있지요.

말하기는 친구 한 명에게 그 친구가 들으면 기분 나쁠 말을 하는 거예요. 뛰기를 꼽으면 한 발로 경기장을 한 바퀴를 돌아야 합니다. 편지 쓰기는 벌칙 받을 사람이 엎드리면 친구들이 등에 손가락으로 편지를 씁니다. 쉼표를 써야 할 땐 등을 꼬집고, 마침표를 써야 할 땐 등을 칩니다. 유언하기는 벌칙 받는 사람이 대장에게 자기 유언을 들어주길 바라며 마지막으로 원하는 것을 말하는 것입니다.

립빠 놀이 (이탈리아)

몇 명이 하는 놀이지? 혼자 또는 4명
무엇이 필요하지? 70센티미터 정도의 막대기와 립빠 하나
어디에서 놀지? 야외

이 놀이는 립빠를 쳐서 최대한 멀리 날아가게 하는 거예요. 립빠를 치는 방법은 두 가지가 있습니다.

첫 번째는 한 손으로 막대기를 잡고 다른 손 엄지와 검지로 립빠의 한쪽 끝부분을 잡고 들어 올립니다. 립빠를 들고 있다가 놓으면서 동시에 다른 쪽 손에 들고 있던 막대기로 떨어지는 립빠의 가운데를 칩니다.

두 번째 방법은 립빠를 땅에 올려놓고 한쪽 끝부분을 막대기로 쳐서 립빠가 공중으로 튀어 오르게 합니다. 튀어 오른 립빠의 중간 부분을 다시 한 번 막대기로 칩니다.

립빠를 칠 수 있는 기회는 세 번입니다. 립빠가 날아간 거리를 재는 데 립빠를 친 막대기를 이용해 보세요.

두 사람씩 짝을 이뤄서 두 모둠이 경기를 할 수도 있습니다. 땅에 지름이 2~3미터 정도 되는 원 하나를 그리고 립빠를 치는데, 원 안에서만 립빠를 쳐야 하지요. 첫 번째 모둠이 립빠를 치지 못하면 바로 두 번째 모둠이 경기를 진행합니다. 반대로 립빠를 치면 날아간 립빠가 떨어진 지점에서 두 번째 모둠이 립빠를 쳐서 다시 원 안으로 들어가게 해야 합니다. 성공해서 립빠가 원 안에 떨어지면 이번에는 두 번째 모둠이 원 안에서 립빠를 칠 기회를 얻습니다.

겨루기 놀이·유럽

립빠가 뭐예요?

립빠는 양 끝이 뾰쪽하게 다듬어진 약 15센티미터 길이의 막대입니다. 빗자루의 손잡이 부분이나 나뭇가지를 이용해서 립빠를 만들 수 있지요.

립빠 놀이는 이탈리아의 대중 놀이 가운데 하나인데, 고대 시대부터 즐겼다고 합니다. 학자들이 발견한 유물들을 보면 이미 고대 이집트 11~12왕조 때(기원전 1778~2205년) 나일강 주변에 사는 어린이들이 이런 놀이를 즐겼다는 것을 알 수 있습니다.

자치기

우리나라에도 비슷한 놀이로 자치기가 있어요. 땅바닥에 금을 긋거나 홈을 파서 집을 정해요. 편을 갈라 한편은 집에서 긴 막대기인 어미자로 짧은 막대기인 새끼자를 쳐서 날려 보내면 다른 한편은 이것을 받아서 집으로 던져 넣으면 되지요. 넓은 장소와 막대기 둘만 있으면 어느 때나 쉽게 놀 수 있어, 옛날부터 어린이들이 많이 즐기던 놀이였어요.

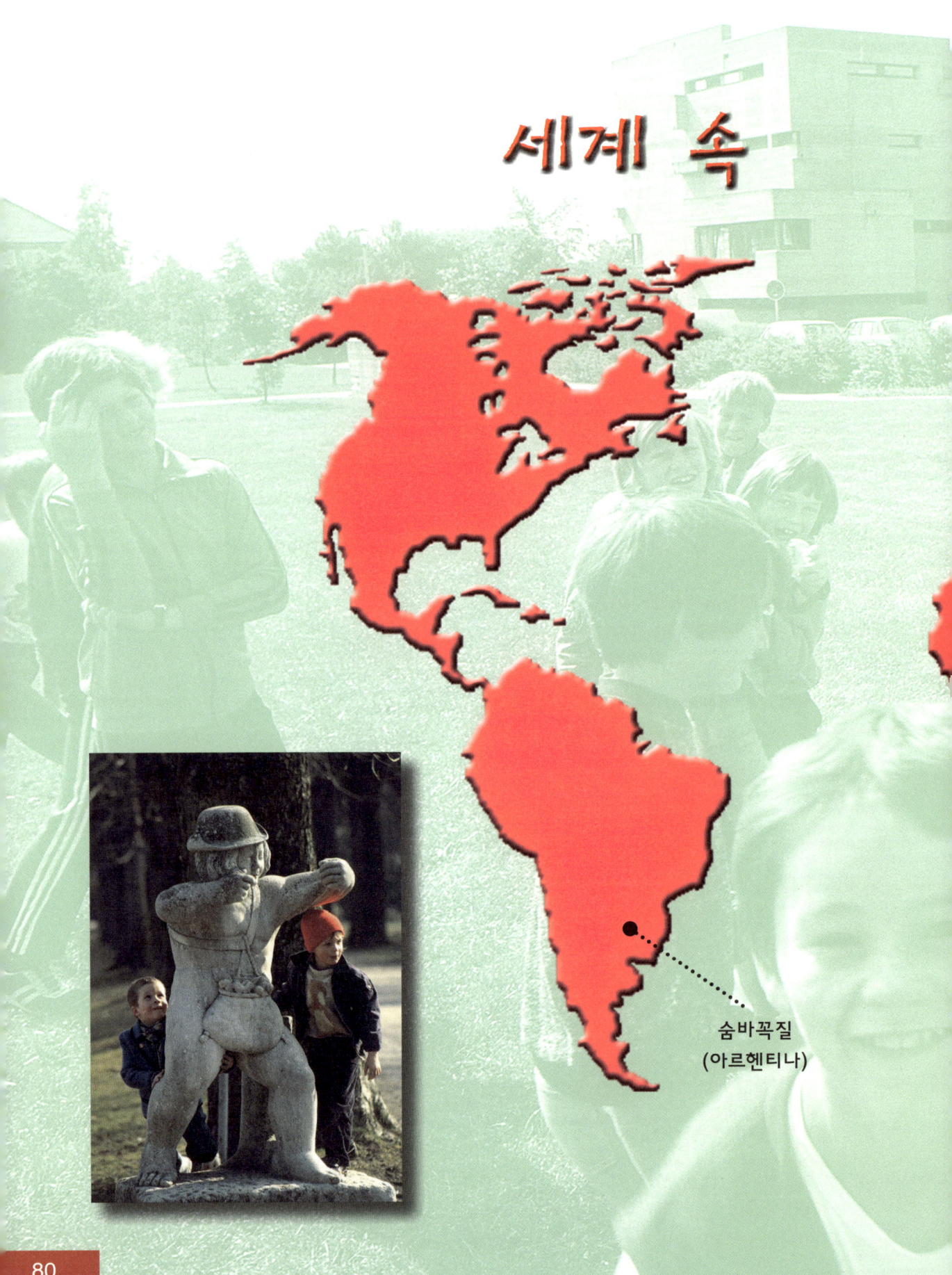

세계 속

숨바꼭질
(아르헨티나)

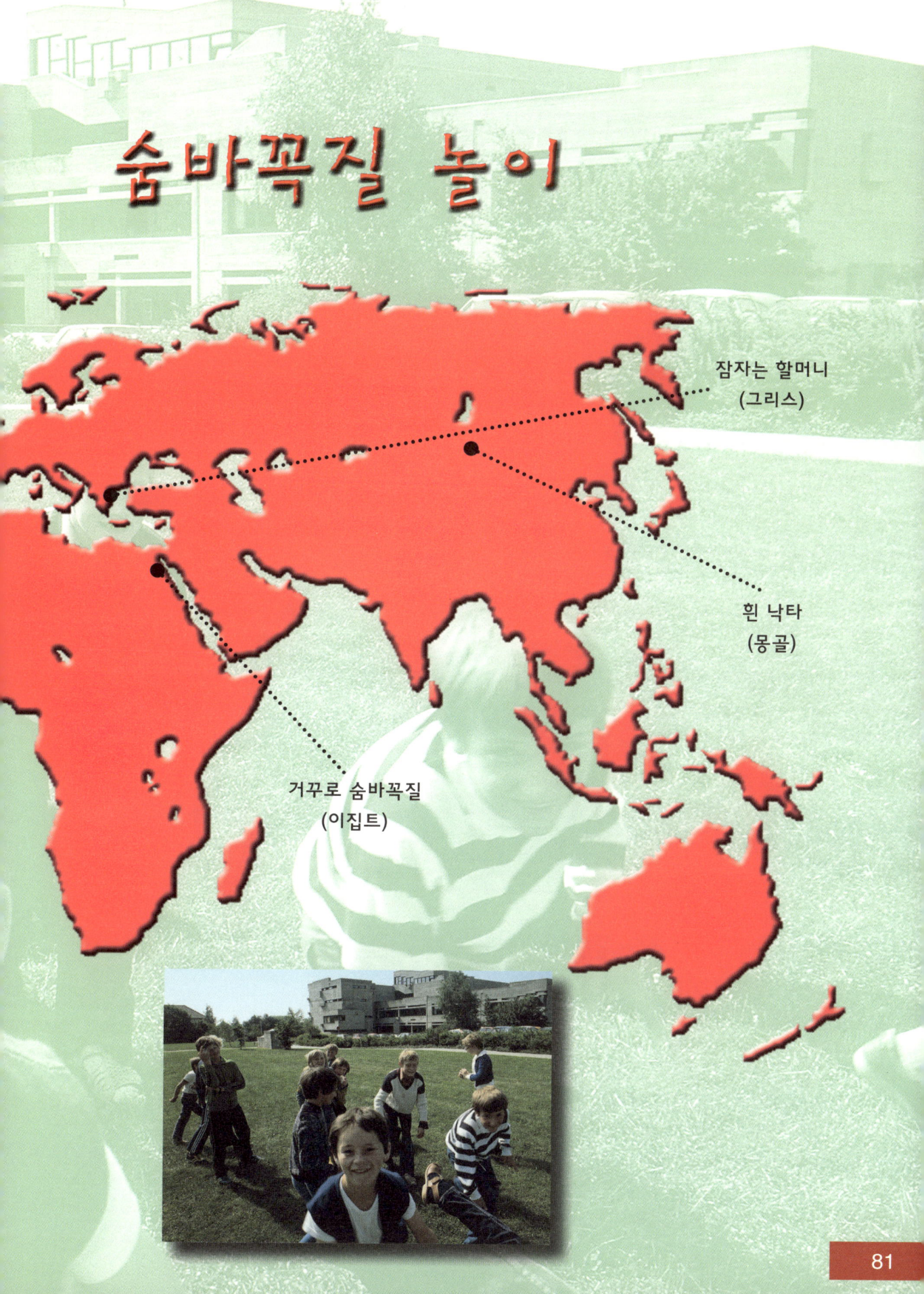

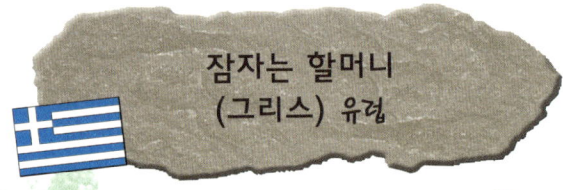

잠자는 할머니
(그리스) 유럽

몇 명이 하는 놀이지? 많은 사람
무엇이 필요하지? 아무것도 필요 없어요
어디에서 놀이하지? 숨기 좋은 넓은 곳

할머니를 한 명 정하고, 나머지 친구들은 손자 역할을 맡아요. 할머니는 손자들에게 이야기를 하나 들려줍니다. 옛날 동화나 새로 지어낸 것도 괜찮아요. 할머니는 이야기 속 등장인물들의 이름을 손자들에게 하나씩 붙여 줍니다. 이야기에 등장하는 동물이나 도시, 물건이라도 상관없습니다.

이야기가 끝나면 할머니는 30초 동안 잠을 자요. 그동안 손자들은 여기저기에 숨어요. 할머니는 깨고 나서 숨어 있는 손자들을 찾아야 합니다. 손자를 찾으면 할머니는 출발점으로 뛰어와 그 손자에게 붙여 준 이름을 큰 소리로 말합니다. 들킨 손자가 할머니보다 먼저 출발점에 도착하면 놀이를 계속할 수 있습니다. 할머니는 찾아 낸 손자의 이야기 속 이름이 틀리지 않도록 주의해서 말해야 해요. 잘못 말하면 들킨 손자는 계속 살아남아요. 할머니가 손자를 모두 찾거나 손자들이 다 풀려나면 놀이는 끝납니다. 할머니 한 명을 새로 뽑아서 다시 놀이를 시작합니다. 손자를 가장 많이 찾은 사람이 우승!

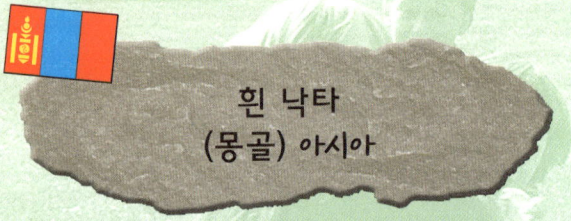

흰 낙타
(몽골) 아시아

몇 명이 하는 놀이지? 많은 사람
무엇이 필요하지? 붕대
어디에서 놀지? 숲처럼 숨을 데 많은 곳

친구 중 세 명에게 각각 낙타와 말, 망아지의 역할을 줍니다. 낙타 역할을 하는 친구는 대장도 되지요. 대장은 30초 동안 눈을 붕대로 감아서 앞이 안 보이게 하고 그동안 망아지를 숨깁니다. 30초 뒤 붕대

이탈리아의 숨바꼭질 놀이 규칙은 그리스의 잠자는 할머니 규칙과 비슷해요. 라 타나(la tana)라고 불리는 술래가 벽을 바라보고 서서 눈 감고 숫자를 셀 동안 다른 친구들은 숨어요. 숫자를 다 세면 술래는 돌아서서 친구들을 찾아요. 숨은 친구를 발견하면 술래와 숨어 있던 친구는 벽으로 뛰어야 해요. 벽에 먼저 도착한 사람은 손으로 벽을 치며 "타나!"라고 소리쳐요. 숨어 있던 친구가 벽에 먼저 도착하면 그 친구는 자유를 얻지만 나중에 도착하면 술래에게 잡히는 거예요. 숨어 있던 친구들도 술래에게 들키기 전에 먼저 벽을 치면 자유를 얻어요. 마지막까지 숨어 있던 친구가 술래보다 먼저 도착해 "타나, 모두에게 자유를!"하고 외치면 잡혔던 친구들 모두 자유를 얻어요. 첫 번째로 잡힌 선수가 다음 경기의 술래가 되어요.

를 푼 말은 망아지를 찾아야 합니다. 말이 망아지를 찾는 동안 다른 친구들은 계속 "망아지야, 망아지야"라고 외쳐요. 숨긴 장소에 말이 가까이 가면 더 큰 소리로 외치고 망아지는 이리저리 나무 뒤에 숨으며 출발점을 향해 이동합니다. 망아지가 들키지 않고 출발점으로 되돌아오면 자유를 얻어요. 그러면 모든 친구들이 길게 줄을 서서 경기장을 한 바퀴 돕니다. 이때 낙타 대장은 맨 앞에 서고 망아지는 맨 뒤에 섭니다. 놀이를 다시 시작할 경우엔 말 역할을 한 선수가 다시 말 역할을 맡아야 합니다. 반대로 말이 망아지를 붙잡으면 말이 이기게 됩니다. 놀이를 다시 할 땐 새로 낙타와 말, 망아지를 정합니다.

거꾸로 숨바꼭질 (이집트) 아프리카

몇 명이 하는 놀이지? 최대 15명까지
무엇이 필요하지? 아무것도 필요 없어요
어디에서 놀지? 숨을 곳 많은 넓은 장소

아프리카에는 거꾸로 숨바꼭질을 해요. 찾는 사람이 여러 명이고 숨는 사람은 한 명인 숨바꼭질이지요. 한 명을 제외한 나머지 친구들은 손으로 눈을 감싸서 벽에 얼굴을 대고 서서 30까지 숫자를 셉니다. 그동안 한 명은 달려가 숨습니다. 30까지 다 세면 숨은 친구를 찾아 나섭니다. 가장 먼저 숨은 친구를 발견한 사람이 승리하게 되지요. 놀이를 다시 할 때에는 이긴 사람이 숨는답니다.

숨바꼭질 (아르헨티나) 남아메리카

몇 명이 하는 놀이지? 많은 사람
무엇이 필요하지? 아무것도 필요 없어요
어디에서 놀지? 숨을 데 많은 넓은 곳

술래 한 명이 벽이나 돌을 바라보고 서서 눈을 감고 숫자를 셉니다. 숫자를 다 세면 뒤로 돌아서서 여기저기에 숨은 친구들을 찾아 나섭니다.
술래가 숨어 있는 친구를 발견하면 재빨리 숫자를 세던 벽으로 돌아와 손으로 벽을 치며 "돌!"이라고 외칩니다. 술래에게 발견된 친구가 먼저 벽에 도착하면 자유롭게 되지만 술래보다 나중에 도착하면 붙잡힙니다. 모든 친구가 술래에게 붙잡히거나 자유롭게 되면 놀이가 끝납니다. 그런데 맨 마지막 친구가 술래보다 먼저 벽에 도착해서 "모두를 위한 돌!"이라고 외치면, 잡힌 모든 친구들이 자유롭게 된답니다. 술래에게 가장 먼저 잡힌 친구가 다음 번 술래가 됩니다.

왕, 여왕 놀이

여러분, 왕이 되어
신하들에게 명령을 내리고 싶지 않나요?
놀이할 때 대장이 되어
놀이를 어떻게 이끌지 결정하고 싶지 않나요?
이런 것을 꿈꿔 온 친구를 위한
놀이를 소개합니다!

여왕 놀이 (이탈리아)

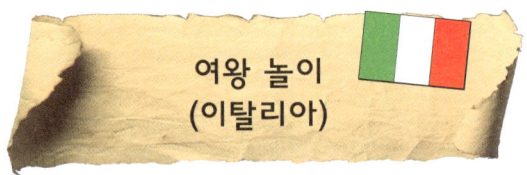

몇 명이 하는 놀이지? 5명 이상
무엇이 필요하지? 의자 한 개(꼭 필요하지는 않아요)
어디에서 놀지? 어디에서나

뽑힌 사람이 여왕 의자에 앉습니다. 여왕은 등을 돌리고 앉아 신하들을 볼 수 없도록 합니다. 의자가 없으면 여왕이 벽을 바라보고 서 있어요. 신하들은 여왕으로부터 스무 걸음 정도 떨어진 출발선에 서서 한 명씩 여왕에게 다음과 같이 질문합니다.

"여왕님, 나의 여왕님, 제가 충성하는 마음으로 반지를 가지고 여왕님의 성에 도착하기까지 몇 발자국이 남았을까요?"

여왕은 위엄 있는 말투로 신하에게 몇 걸음을 어떻게 걸을지 말해 줍니다. 예를 들어 "사자처럼 두 걸음 걸어 오거라"라고 명령하면 신하는 두 번 껑충 뛰어서 갑니다. 여왕이 "세 걸음을 개미처럼 걸어 오거라"라고 하면 발뒤꿈치가 다른 쪽 발가락 부분에 닿도록 한발 한발 걸어야 합니다. 여왕은 "새우 걸음으로 한 발자국 뒤로 가라!"는 식으로 뒤로 가도록 명령할 수도 있답니다.

여왕이 신하들에게 내리는 명령을 보고 여왕이 누구를 더 좋아하는지 알 수도 있지요. 신하가 여왕이 있는 벽이나 의자 가까이 다가가면 한 걸음 크게 뛰어서 여왕 자리를 뺏을 수 있답니다.

왕, 여왕 놀이 · 유럽

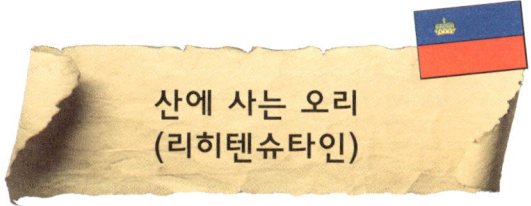

산에 사는 오리 (리히텐슈타인)

몇 명이 하는 놀이지? 5명 이상
무엇이 필요하지? 아무것도 필요 없어요
어디에서 놀이 하나요? 넓은 공간

'산에 사는 오리'는 우리나라의 '무궁화 꽃이 피었습니다'와 비슷해요.

대장은 벽에 얼굴을 대고 다른 사람들은 대장에게서 스무 걸음 정도 떨어진 곳에 출발선을 긋고 섭니다. 대장이 벽을 바라보고 "산에 사는 오리!"라고 외치면 다른 친구들은 대장을 향해 뛰어갑니다. 그러다 "오리!"라는 단어가 끝나자마자 재빨리 멈춰 서야 합니다.

대장은 "산에 사는 오리!" 문장을 빠르게 또는 느리게, 속도를 바꾸며 외칠 수 있습니다. 그리고 문장을 다 말하자마자 친구들을 향해서 재빨리 고개를 돌립니다. 대장이 고개를 돌렸을 때 멈추지 못하거나 균형을 잃고 움직이다 걸리면 그 친구는 다시 출발선으로 돌아가야 합니다.
이 놀이는 대장에게 걸리지 않고 벽에 도착해서 "산!"이라고 외치는 사람이 이깁니다. 이긴 사람은 다음 경기에서 대장이 될 수 있습니다.

> 벽을 향해 서 있던 술래는 갑자기 문장을 외쳐서 다른 친구들이 제때에 출발하지 못하게 만들어야 해요. 술래가 문장을 외쳤을 때 친구가 움직이는 걸 보면 그 친구는 다시 출발선으로 돌아가야 해요. 이 놀이는 이탈리아에도 있는데 술래는 "하나, 둘, 셋…… 스텔라(별 이라는 뜻)!"라고 외친다는 차이가 있어요.

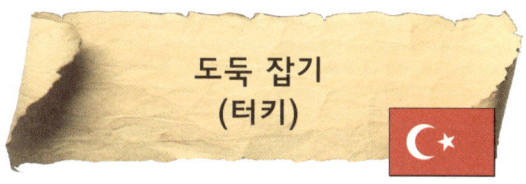

도둑 잡기 (터키)

몇 명이 놀지? 5명 이상
무엇이 필요하지? 아무것도 필요 없어요
어디에서 놀지? 어디에서나 할 수 있어요

술래 한 명은 뒤돌아 서 있고 다른 친구들은 5~6미터 떨어진 출발선에 섭니다. 출발선에 서 있는 친구들은 살금살금 술래에게 다가가는데, 술래는 고개를 갑자기 돌려서 친구들이 움직이는지를 살핍니다. 술래가 고개를 돌려 움직인 친구를 발견하면, 그 친구가 술래가 됩니다. 친구들은 조심스럽게 다가가 술래 등을 치고 재빨리 출발선으로 도망칩니다. 한 친구가 술래 등을 치면 나머지 친구들도 출발선을 향해 달려가야 합니다. 술래는 친구들이 출발선을 못 넘게 쫓아가 잡습니다. 도망치다 술래 손에 닿은 사람이 술래가 됩니다.

잡기 놀이

경찰관이 도둑을 쫓거나
배고픈 늑대가 토끼를 쫓을 때처럼
잡기놀이는 빠르게 달려야 하고
오래 달리는 지구력도 필요하답니다!
친구들을 뒤쫓아 달리거나 술래에게서
도망치면 재미있고, 흥미도 넘치지요.

경찰과 도둑 (알바니아)

몇 명이 놀이 할까? 많은 사람
무엇이 필요할까? 아무것도 필요 없어요
어디에서 놀까? 넓은 공간

노는 곳 한 가운데 분필로 원을 하나 그립니다. 이 원이 감옥이 되지요. 경찰 역할을 맡을 세 명을 뽑은 뒤 나머지 사람들은 여기저기 넓게 퍼져 섭니다.

놀이가 시작되면 나머지 사람들은 도둑이 되어서 도망가고 세 명의 경찰들이 도둑들을 쫓습니다. 한 경찰은 왼손을 머리 위에 얹고, 또 다른 한 경찰은 허리에 왼손을 대고, 세 번째 경찰은 가슴에 왼손을 얹고 도둑들을 쫓아야 하지요.

경찰 손에 닿은 도둑은 놀이가 끝날 때까지 가운데에 만들어 놓은 감옥 안에 들어가 있어야 합니다. 잡힌 도둑은 자신을 붙잡은 경찰과 같이 왼손을 머리나 허리, 가슴에 얹고 끝날 때까지 기다립니다.

붙잡히지 않은 친구가 잠시 쉬거나 실수로 감옥에 들어갔을 경우에 한 명이 자유를 얻을 수 있습니다. 감옥에 들어온 친구는 왼손을, 자유를 얻은 친구가 하고 있던 그대로 하고 있어야 합니다. 경찰들이 도둑을 모두 감옥 안에 가두면 놀이는 끝납니다.

세 명의 경찰 가운데 가장 많은 도둑을 잡은 사람이 승리자가 됩니다. 마지막에 잡힌 도둑 세 명은 다음 번 경기에서 경찰 역할을 맡습니다.

검은 사람들
(루마니아)

몇 명이 놀이 할까? 많은 사람
무엇이 필요할까? 아무것도 필요 없어요
어디에서 놀이할까? 넓은 공간

큰 원 하나를 그리고 그 양쪽에 작은 원 하나씩을 그려서 세 개의 원을 만들어요. 대장은 친구들 가운데 검은 사람이 될 두 명을 마음속으로 정합니다. 그 뒤 한 명씩 귀에 대고 1에서 3의 숫자 중 하나를 속삭입니다. 검은 사람들에겐 숫자 대신 "검은 사람이 되어라!"고 속삭여서 몰래 알려줍니다.

준비가 끝나면 대장을 뺀 모든 사람들은 큰 원에 들어갑니다. 양옆 작은 원들은 친구들이 피할 장소랍니다.

대장이 "1시다. 검은 사람들은 오지 않았다!"라고 외치면 놀이가 시작됩니다. 그러면 어느 방향으로든 한 발을 움직여야 하는데, 원 밖으로 나가서는 안 됩니다. 대장이 "2시다. 검은 사람들은 오지 않았다!"라고 하면 이번에는 원 밖으로 나가지 않도록 주의하면서 두 걸음을 움직입니다. 대장이 "6시다. 검은 사람들이 도착했다!"라고 말하면 검은 사람들은 사냥꾼이 되어서 친구들을 붙잡습니다. 친구들은 검은 사람들을 피해서 양옆의 작은 원으로 도망가야 합니다. 검은 사람들의 손에 닿거나 잡힌 친구들은 대장에게 갑니다. 대장은 잡힌 친구들에게 경기 전에 속삭여 줬던 숫자들을 다 더해서 검은 사람들에게 점수를 알려줍니다.

검은 사람 두 명을 새로 정해서 다시 경기를 합니다. 선수들이 모두 검은 사람 역할을 했을 때 경기는 끝이 납니다. 많은 점수를 얻은 검은 사람이 이깁니다.

움직이지 않는 장난감
(라트비아)

몇 명이 필요하나? 많은 사람
무엇이 필요하나? 아무것도 없어요
어디에서 놀이하나? 넓은 공간

한 명을 추격자로 뽑습니다. 추격자 손에 닿은 사람은 그 자리에서 움직이지 못하고 두 팔과 다리를 벌리고 있어야 합니다. 잡힌 친구 다리 밑으로 한 친구가 지나가면 한 쪽 팔을 움직일 수 있고 다시 다른 친구가 다리 사이를 통과하면 다른 팔도 움직일 수 있고, 세 번째로 통과하면 멈춰 있던 친구는 다시 자유를 얻어서 도망칠 수 있답니다. 멈춘 친구는 도움을 받으려고 말을 하거나 주의를 끌면 안 됩니다. 놀이 시간을 정해 두는 것이 재밌습니다. 멈춰 있던 사람이 가장 많았던 추격자가 승리하게 됩니다.

오세아니아
대륙 친구들은 어떤 놀이를 할까?

태평양 남서쪽에 있는 오스트레일리아에서는
먼저 할 순서를 정하거나 술래를 뽑을 때
작은 막대기를 사용합니다.

한 친구는 놀이 참가자 수만큼
가는 막대나 나뭇가지를 모아 옵니다.
막대기들은 모두 길이가 비슷하지만
하나는 다른 막대기보다 길이가 짧아야 합니다.
모아 온 막대기를 길이가 같아 보이도록
막대기 끝부분을 손으로 감싸 쥡니다.
차례대로 막대기 하나를 뽑아서
짧은 막대를 뽑은 사람이 술래가 됩니다.

겨루기 놀이

돌아라, 돌아라!
(오스트레일리아)

몇 명이 하는 놀이인가요? 많은 사람
무엇이 필요한가요? 뛰어난 균형 감각
어디에서 놀이하나요? 넓은 공간

이 놀이는 넘어지기 쉬워서 부드러운 모래가 있는 장소에서 하는 게 좋아요. 한 번에 다섯 명씩 놀이하는데, 친구들은 두 걸음 정도 떨어져서 섭니다. 대장이 "돌아라(Wol!)"라고 외치면 다섯 명의 친구들은 두 팔로 옆구리를 잡고 제자리에서 빙글빙글 돌기 시작합니다. 처음 서 있던 자리에서 멀리 벗어나지 않아야 하고 균형을 잃어서 비틀거리면 탈락입니다. 10초 쯤 뒤에 대장이 다시 "돌아라!"라고 외치면 빙글빙글 돌다가 모두 멈춥니다. 멈춰 섰을 때 자기 자리에서 두 다

리를 땅에 디딘 채 비틀거리지 않고 균형을 잡고 있는 친구가 승리합니다. 자 그럼 이제 준비, 돌아라!

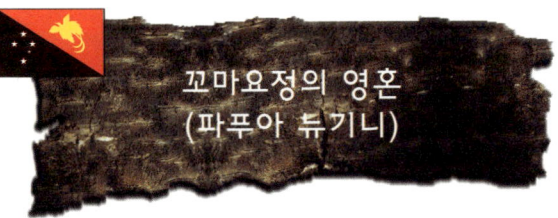

꼬마요정의 영혼
(파푸아 뉴기니)

> 요정은 아주 오래 전에 생겼어요. 요정은 자연의 영혼인데 자기들에게 잘 대해주면 다정하지만, 나쁘게 대하면 못되게 군답니다. 신화들에는 여러 요정들의 이름이 소개되고 있죠. 요정에 관해서는 아일랜드와 스코틀랜드 사람이 가장 잘 알고 있답니다.

몇 명이 놀이하나요? 두 개의 모둠
무엇이 필요한가요? 의자 2개
어디서 놀이를 하나요? 넓은 공간

경기장을 반으로 나눈 뒤 양 끝에 의자를 하나씩 놓습니다.

두 모둠이 각각 자기 모둠 의자 근처에 서면 심판이 경기장 중앙에서 시작을 알립니다. 심판 왼쪽에 있는 모둠이 먼저 경기를 시작합니다. 왼쪽 모둠의 선수 가운데 한 명이 자기 모둠 의자를 손으로 치면서 "제모!(Gemo)"라고 외치면 꼬마요정 제모로 변신하게 됩니다. 꼬마요정으로 변신한 선수는 상대 모둠의 의자를 손으로 쳐야 합니다. 꼬마요정이 달리는 동안 상대 모둠은 방해를 하고, 같은 모둠 선수들은 꼬마요정을 도와줍니다.

꼬마요정이 상대 모둠 친구 손에 닿으면 마법의 힘을 잃게 되어 10초 동안 움직일 수 없어요. 꼬마요정의 마법 힘을 잃게 하는 데 성공한 상대 모둠 친구가 "제모!"라고 외치면 그 친구가 대신 마법의 힘을 얻게 됩니다. 새롭게 요정이 된 선수는 이제 반대로 상대 모둠 의자를 치기 위해서 달리기 시작합니다. 마찬가지로 상대 모둠은 방해를 하고, 같은 모둠은 보호해 줍니다.

꼬마요정 제모는 상대 모둠의 방해에서 벗어나지 못할 위험한 상황이 되면 마법의 힘을 다른 친구에게 전해 줄 수 있습니다. 요정의 힘을 새로 얻은 친구나 상대 모둠 요정의 힘을 뺏은 친구는 반드시 모든 사람들이 알아들을 수 있도록 큰 소리로 "제모!"라고 외쳐야 합니다.

꼬마요정이 상대 모둠 의자를 손으로 치면 1점을 얻습니다. 한 모둠이 점수를 얻으면 두 모둠은 자리를 서로 바꾼 뒤 놀이를 다시 시작합니다. 먼저 10점을 얻는 모둠이 승리합니다.

오세아니아 · 겨루기 놀이

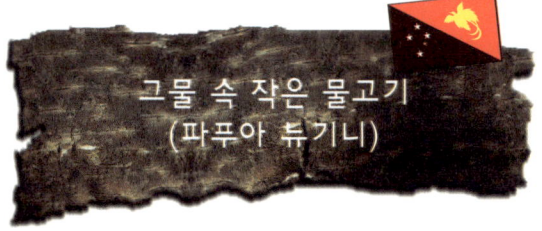

그물 속 작은 물고기
(파푸아 뉴기니)

몇 명이 있어야 하나? 12명 이상
무엇이 필요하나? 아무것도 필요 없어요
어디서 놀이하나? 바다나 강 같은 물속

이 놀이는 무릎 높이의 바닷물 속에서 할 수 있습니다. 친구들은 큰 원 안에 작은 원을 만들어 서는데, 작은 원 사람들은 물고기 역할이고, 밖에 있는 큰 원 사람들은 그물이 됩니다.

놀이를 시작하면 물고기들은 그물 역할을 하는 선수들의 다리 사이로 빠져나가야 합니다. 모든 물고기가 그물 밖으로 탈출하면 역할을 바꿔서 놀이를 다시 시작합니다.

늑대야, 지금 몇 시야?
(오스트레일리아)

몇 명이 하는 놀이지? 많은 사람
무엇이 필요하지? 아무것도 필요 없어요
어디에서 놀이하지? 넓은 공간

겨루기 놀이·오세아니아

경기장을 반으로 나누고 사방에 멀찍이 경계선을 그립니다. 대장 한 명은 경기장 한 쪽 끝에서 등을 돌린 채 섭니다. 친구들은 중앙선을 따라서 나란히 서는데, 바라보는 방향은 마음대로 정해요. 친구들이 제각각 다른 방향을 바라보고 서면 경기를 시작합니다. 친구들은 한 명씩 대장에게 질문을 합니다.
"늑대야, 지금 몇 시야?"
대장은 "4시 20분"처럼 자세히 시간을 말해 줍니다. 그러면 시침이 가리키는 숫자만큼 앞으로 걸어가는데, 방향은 분침이 향하는 쪽으로 이동합니다. 예를 들어 4시 20분이면 분침이 20분을 가리키는 방향으로 4걸음 갑니다. 모든 친구들이 처음에 각각 다른 방향을 향하고 있었기 때문에 나아가는 방향도 다 다를 거예요. 모두 이동하고 멈춰 서면 두 번째 친구가 늑대에게 시간을 물어서 놀이를 이어갑니다. 경계선 밖으로 나가게 되는 선수는 탈락입니다. 대장은 어느 순간 "점심시간이다!"라고 외칩니다. 그러면 친구들은 대장 반대편 쪽으로 도망치고 대장은 친구들을 뒤쫓아 손으로 쳐야 합니다.

경기장 밖으로 벗어나거나 대장 손에 닿아서 탈락한 선수는 벌칙을 받게 됩니다. 새로운 대장을 뽑아 다시 놀이를 해요. 벌칙을 가장 적게 받은 사람이 승리자입니다.

세계 속

눈먼 파리
(이탈리아)

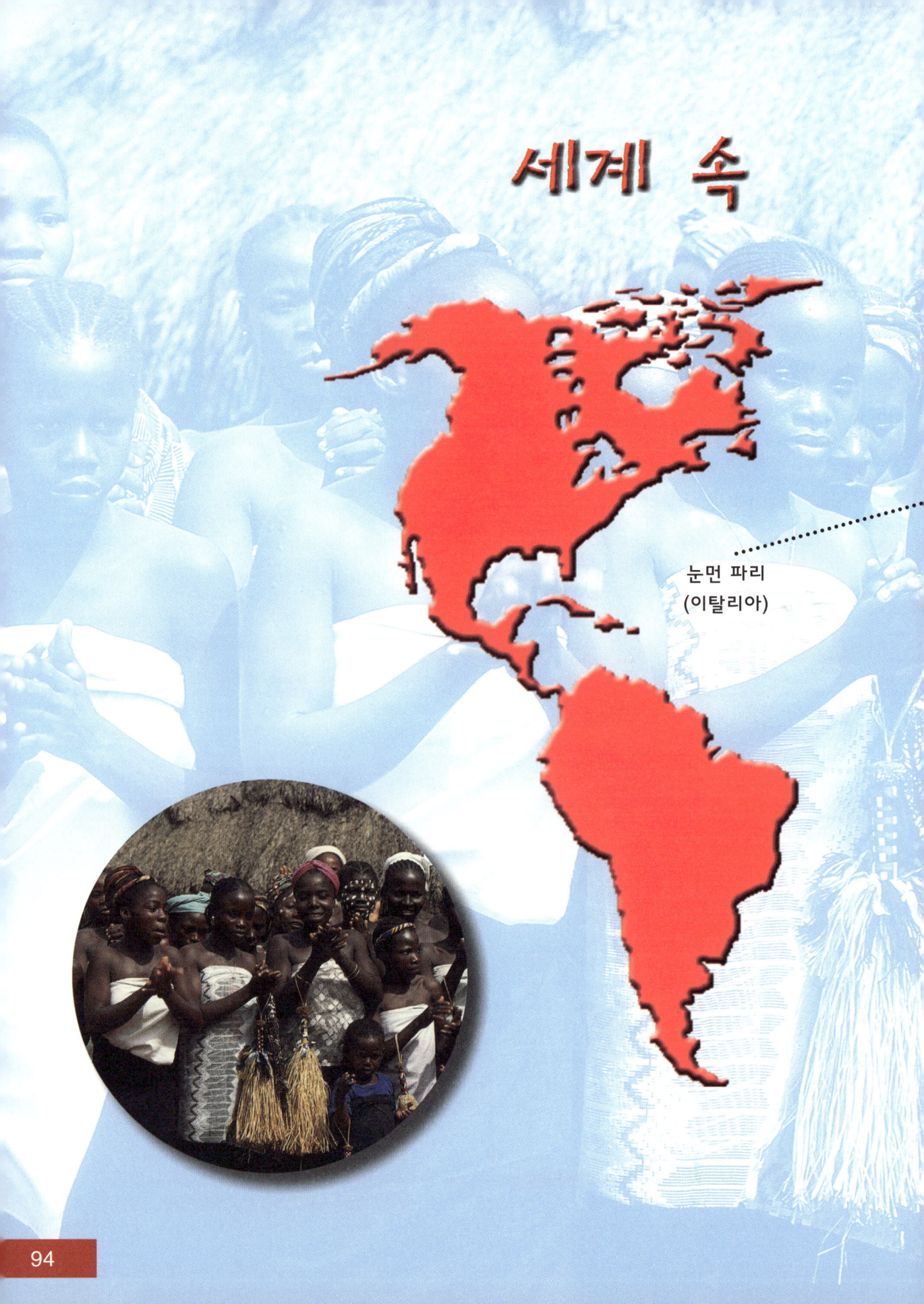

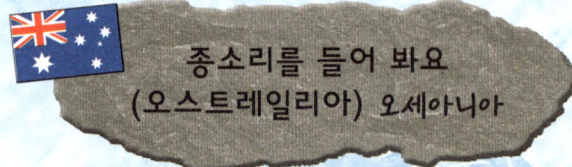

종소리를 들어 봐요
(오스트레일리아) 오세아니아

몇 명이 필요하나요? 많은 사람
무엇이 필요하나요? 눈가리개로 사용할 붕대, 종 1개
어디에서 놀이하나요? 넓은 공간

두 명을 뺀 다른 참가자들은 모두 원을 만들어 섭니다. 두 사람은 원 중앙에 서지요. 한 명은 눈을 가리고 다른 한 명은 다리에 종을 매답니다. 놀이를 시작하면 다리에 종을 단 선수는 원 안을 이리저리 움직이고, 눈을 가린 선수는 종소리를 듣고 종을 매단 선수를 뒤쫓아 잡아야 합니다. 두 선수는 원 밖으로 나갈 수 없고, 1분 안에 눈을 가린 선수가 종을 매단 선수를 손으로 치면 승리합니다.

북소리
(캄보디아) 아시아

몇 명이 필요한가요? 많은 사람
무엇이 필요한가요? 눈가리개 붕대, 북
어디에서 놀이하나요? 넓은 공간

두 명을 뺀 다른 참가자들은 모두 원을 만들어 섭니다. 두 사람은 원 중앙에 서서 한 명은 눈을 가리고 다른 한 명은 북을 들고 있습니다.

놀이를 시작하면 북을 든 선수가 원 안에서 이동하며 북을 칩니다. 눈을 가린 선수는 그 북소리를 듣고 어느 방향으로 이동하는지 알 수 있습니다. 원 밖으로 나갈 수 없기 때문에 원을 만들고 있는 선수들은 눈을 가린 선수가 원 가까이에 오면 박수를 쳐서 알려줍니다. 정한 시간 안에 눈가리개를 한 선수가 북 치는 선수를 잡으면 이깁니다.

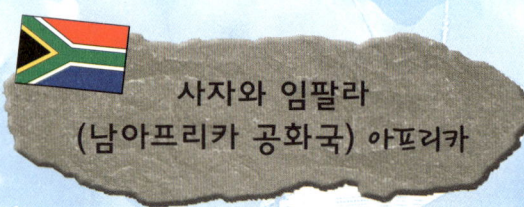

사자와 임팔라
(남아프리카 공화국) 아프리카

몇 명이 필요한가요? 많은 사람
무엇이 필요한가요? 눈가리개 2개
어디에서 놀이하나요? 넓은 공간

두 명을 뺀 다른 참가자들은 원을 만들어 손을 잡고 섭니다. 두 명은 모두 눈가리개를 한 채 원 가운데에 섭니다. 눈을 가린 두 친구는 각각 임팔라와 사자 역할을 맡습니다. 놀이를 하는 동안 사자는 임팔라를 잡아야 합니다. 원을 만들고 서 있는 친구들은 계속해서 '음부베! 음부베!(mbube mbube)"라고 외치는데, 이는 아프리카에 사는 줄루족이 사자를 부를 때 외치는 말이랍니다. 사자가 임팔라

와 가까워지면 더 큰 소리로 외치고, 멀어지면 작게 외쳐서 사자에게 임팔라의 위치를 알려 줍니다. 임팔라도 "음부베" 소리를 잘 듣고 사자의 위치를 짐작해서 도망칠 수 있습니다. 하지만 사자와 임팔라 모두 원 밖으로 나올 수는 없답니다.
1분 안에 사자가 임팔라를 잡으면 사자가 승리하고, 반대로 실패하면 임팔라가 승리합니다.

이 놀이는 이탈리아뿐 아니라 유럽과 아메리카 대륙에서도 규칙이 같아요. 놀이 이름이 다르다는 것이 유일한 차이랍니다. 이탈리아에서는 '눈먼 파리'로 불리고 아르헨티나에서는 '눈먼 수탉'이라고 하지요.
술래 한 명은 눈가리개로 눈을 가린 뒤 제자리에서 몇 바퀴를 돕니다. 다 돌면 술래는 어지러워서 비틀거리겠지만 다른 친구들을 손으로 쳐서 잡아야 합니다. 다른 친구들은 술래 주변에서 춤을 추며 술래에게 가까이 다가가 주의를 끌다가 술래 손에 닿으려고 하면 도망칩니다. 술래가 한 명을 잡으면 눈을 가린 채 잡은 친구의 얼굴과 몸을 만져서 누군지 알아맞혀야 합니다. 술래가 누구인지 알아맞히면 잡힌 선수가 술래가 되고, 알아맞히지 못하면 술래가 다시 눈을 가리고 경기를 이어 갑니다.
술래가 잡은 선수를 알아맞혀야 할 때, 붙잡힌 선수와 다른 선수가 옷을 바꾸어 입는 등 술래를 놀려 줄 수도 있답니다.

눈먼 파리 (이탈리아) 유럽

몇 명이 필요하나요? 많은 사람
무엇이 필요한가요? 눈가리개 1개
어디에서 놀이하나요? 넓은 공간

임팔라는 영양의 한 종류로 보통 몸무게가 50킬로그램을 넘지 않습니다. 한 번에 10미터를 뛸 수 있는 매우 빠른 동물이지요. 몸 전체에 황갈색 털이 났는데, 등을 따라 어두운 색 줄이 있고, 몸 옆쪽은 밝은 색을 띠고 배 부분은 털이 흽니다. 입 부분은 길고 얇습니다.
임팔라는 남아프리카에서 가장 아름답고 우아한 영양이라고 할 수 있답니다. 초원 지대에 살며 여러 마리의 암컷과 한 마리의 수컷이 한 가족을 이루지요. 수컷은 크고 멋있는 뿔이 있답니다.

오세아니아 · 협동 놀이

협동 놀이

놀이 할 때 반드시 승자와 패자가 있어야 할까요? 승자를 가리는 점수를 많이 얻는 것이 놀이 목표라고 말할 수 없겠지요. 놀이하는 사람들 모두가 한 목표를 세우고 그 목표를 달성하려고 노력하는 것도 아주 재미있답니다. 승자를 가리는 경기보다 훨씬 아름답고 의미 있지요.

협동심이 필요한 놀이는 함께 작은 조약돌을 모아서 하나의 모자이크를 완성하는 것과 같답니다. 협동 놀이들은 누가 더 빠른지는 중요하지 않아요. 모두 하나가 되어 한 가지 목표를 달성하기 위해서 서로 믿고 노력하는 것만이 필요하답니다.

이제부터 소개하는 놀이들은 오세아니아 대륙의 협동 놀이들입니다. 몇몇만이 승자가 되는 것이 아니고, 놀이에 참가한 모든 사람들이 즐겁게 협동해서 함께 승리의 기쁨을 맛보는 것이 얼마나 즐거운지 알게 될 거예요!

타케탁
(파푸아 뉴기니-탕구)

몇 명이 같이 놀까요? 최소 2명 이상으로 구성한 두 모둠
무엇이 필요한가요? 모둠당 30개의 타케탁, 선수 한 사람당 병뚜껑 1개
어디에서 놀이하나요? 흙이나 모래가 있는 야외

두 모둠은 자기 모둠의 타케탁을 각각 15~20센티미터 정도 떨어지게 불규칙하게 땅에 세웁니다. 두 모둠끼리의 타케탁 거리는 5미터 정도 떨어지게 합니다. 그리고 친구들은 자기 모둠 타케탁 앞에 2

> 오세아니아에 살던 원주민들은 협동 정신이 아주 강했어요. 유럽인들이 뉴기니 섬에 축구를 소개했을 때, 탕구족은 두 모둠이 동점이 됐을 경우에만 경기를 끝낼 수 있게 축구 규칙을 바꿨답니다. 그래서 축구 경기가 며칠이나 계속되기도 했답니다.

협동 놀이 · 오세아니아

타케탁이 뭐예요?
타케탁은 크고 기다란 야자수 잎 가운데 있는 단단한 부분을 말합니다. 타케탁 대신에 30센티미터 정도의 단단한 나무 막대기를 사용해도 돼요.

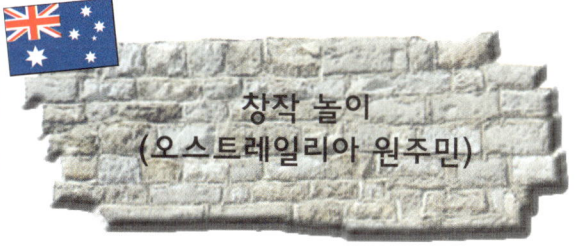

창작 놀이 (오스트레일리아 원주민)

몇 명이 필요하나요? 5~6명
무엇이 필요한가요? 커다란 나뭇잎
어디에서 놀이하나요? 야외나 집

우선 커다란 나뭇잎 한 장을 준비해서 친구의 수만큼 조각냅니다. 친구들은 나뭇잎 조각 하나씩을 손에 쥐고 원을 만들어 섭니다. 그런 뒤 한 친구씩 원 가운데로 나와서 자신이 가지고 있는 나뭇잎 조각을 놓고 들어갑니다. 차례대로 나와서 조각난 나뭇잎을 맞추어 원래 형태를 만들면 놀이가 끝납니다.

미터 정도 거리를 두고 섭니다.
친구들은 차례대로 병뚜껑으로 자기 모둠 타케탁을 가능한 한 많이 맞혀서 쓰러트려야 합니다. 병뚜껑을 던지거나 굴려도 상관없어요. 순서가 다 돌아가면 쓰러진 타케탁을 모아서 한쪽에 놓고, 다른 모둠 선수들이 같은 방식으로 놀이를 합니다.
두 모둠이 쓰러뜨린 타케탁의 수가 같아야지만 경기를 끝낼 수 있어요. 결국 이 놀이의 목표는 동점 만들기랍니다! 만약 이 목표를 달성하지 못했을 경우에는 다시 타케탁을 땅에 심어서 새 경기를 시작하고 동점이 될 때까지 합니다.

만약 커다란 나뭇잎이 없어도 나뭇잎을 대신할 것을 만들 방법이 많답니다. 예를 들어, 친구들과 함께 커다란 그림을 하나 그려서 친구들 수만큼 조각내어 놀이를 할 수 있어요. 여러 개로 조각난 그림을 다 같이 힘을 모아서 원래 상태로 맞춰 보세요.

상수리 호기심 도서관 16

세계의 놀이

글 | 알레산드로 마싸쏘·라우라 폴라스트리
그림 | 비비아나 체라토
옮김 | 조성윤

초판 1쇄 발행 | 2010년 12월 28일
초판 7쇄 발행 | 2021년 7월 5일

펴낸이 | 신난향
편집위원 | 박영배
펴낸곳 | (주)맥스교육(상수리나무)
출판등록 | 2011년 8월 17일(제321-2011-000157호)
주소 | 서울특별시 서초구 마방로2길 9, 보광빌딩 5층
전화 | 02-589-5133(대표전화) 02-589-5142(영업·마케팅)
팩스 | 02-589-5088
블로그 | blog.naver.com/sangsuri_i
홈페이지 | www.maxedu.co.kr

편집 | 김정화
디자인 | 이선주
영업·마케팅 | 백민열
경영지원팀 | 장주열·박종현

ISBN 978-89-93397-22-2 73380
정가 12,000원

어린이제품안전특별법에 의한 제품 표시
제조자명 (주)맥스교육(상수리) ＼ **제조국** 대한민국 ＼ **제조년월** 2021년 7월 ＼ **사용연령** 만 7세 이상 어린이 제품

상수리 호기심 도서관

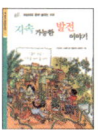
1. 지속 가능한 발전 이야기
2008년 (사)행복한아침독서 추천 도서
카트린느 스테른 글 | 페넬로프 패쉴레 그림 | 양진희 옮김
지속 가능한 발전과 환경 보호 실천법 소개

2. 어린이 고고학의 첫걸음
라파엘 드 필리포 글 | 롤랑 가리그 그림 | 조경민 옮김
고고학 상식부터 우리 고고학 역사 설명

3. 구석구석 알아보는 몸과 성 이야기
세르쥐 몽타냐 글 | 피에르 보쿠쟁 그림 | 김효림 옮김
몸의 구조와 역할, 성교육 등 우리 몸 탐구

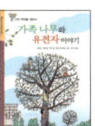
4. 가족 나무와 유전자 이야기
로랑스 아방쉬르 아잔 글 | 뱅상 베르제에 그림 | 김미겸 옮김
유전자, 족보, 가족 촌수, 타인 존중 설명

5. 세계의 모든 집 이야기
2009년 (사)행복한아침독서 추천 도서
올리비에 미뇽 글 | 오렐리 르누아르 그림 | 이효숙 옮김
집의 역사와 세계 문화를 알려 주는 책

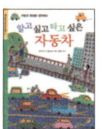
6. 알고 싶고 타고 싶은 자동차
2009년 문화체육관광부 아동청소년 우수 교양도서
홍대선 글 | 남궁선하 그림 | 김정하 감수
자동차 역사와 원리, 경제와 과학까지 설명

7. 상상력이 만든 장난감과 로봇
2009년 열린어린이 여름방학 추천 도서
2010년 (사)행복한아침독서 추천 도서
백성현 글 | 황미선 그림 | 김정하 감수
로봇의 역사와 발전 과정, 원리를 정리

8. 똥을 왜 버려요?
2009년 열린어린이 겨울방학 추천 도서
2010년 (사)행복한아침독서 추천 도서
김경우 글 | 조윤이 그림
세계의 패션과 문화, 역사를 담은 똥 이야기

9. 우리 소리 우리 음악
2010년 문화체육관광부 아동청소년 우수 교양도서
제76차 한국간행물윤리위원회 권장 도서
김명곤 글 | 이인숙 그림
우리 음악의 역사와 민족의 멋과 흥 설명

10. 한 권에 담은 세계 음악
2010년 국립어린이청소년도서관 사서 추천 도서
파우스토 비탈리아노 글 | 안토니오 라포네 그림 | 조성윤 옮김
바흐부터 재즈, 힙합까지 담은 음악 정보책

11. 보고 싶은 텔레비전 궁금한 방송국
초등학교 6학년 1학기 국어 교과서 수록
소피 바흐만 외 글 | 토니두란 그림 | 김미겸 옮김
텔레비전과 방송의 역사와 원리 설명

12. 정정당당 스포츠와 올림픽
2011년 어린이문화진흥회 좋은 어린이책 선정
베네딕트 마티유 외 글 | 오렐리앙 데바 그림 | 김옥진 옮김
올림픽의 역사와 스포츠 발달 과정 정리

13. 세계역사를 바꾸는 정치 이야기
소피 라무뢰 글 | 클레르 페레 그림 | 양진희 옮김
정치 제도와 시민 운동 등을 알려 주는 정보책

14. 생명을 살리는 윤리적 소비
2010년 문화체육관광부 아동청소년 우수 교양도서
정원각 외 글 | 이상미 그림
공정 무역과 환경 등의 소중함을 일깨우는 책

15. 어린이 로마인 이야기
에릭 다스 외 글 | 오렐리앙 데바 그림 | 김옥진 옮김
로마의 유적과 유물, 역사와 문화 정보책

16. 세계의 놀이
2011년 어린이문화진흥회 좋은 어린이책 선정
2011년 (사)행복한아침독서 추천 도서
알레산드로 마싸쏘 외 글 | 비비아나 체라토 그림 | 조성윤 옮김
대륙별로 소개하는 세계 어린이 놀이 백과

17. 천하무적 어린이 야구왕
김동훈 글 | 최일룡 그림
흥미진진 재미만점 알찬 야구 안내서

18. 빨리 높이 멀리 달려라 육상 이야기
김화성 글 | 최환욱 그림
육상의 역사와 과학, 육상 스타들의 도전기

19. 초등 경제 콘서트
리비아나 포로팟 글 | 스테파노 토네티 외 그림 | 유은지 옮김
세계의 모든 경제 정보가 담긴 경제 백과

20. 세계의 이민 이야기
소피 라무뢰 글 | 기욤 롱 그림 | 박광신 옮김
이주와 다문화 시대를 사는 세계 어린이를 위한 안내서

21. 영화 아는 만큼 보여요
2013년 (사)행복한아침독서 추천 도서
이남진 글 | 홍기한 그림
상상력과 창의력 가득한 어린이 영화 안내서

22. 나도 저작권이 있어요!
2013년 (사)행복한아침독서 추천 도서
초등학교 6학년 2학기 국어 교과서 수록
김기태 글 | 이홍기 그림
인터넷 세대가 알아야 할 저작권의 모든 것

23. 달력을 보면 사회가 재밌어!
정세언 글 | 이유진 그림
달력으로 배우는 신개념 초등 사회 학습!

24. 문화재가 살아 있다!
정혜원 글 | 김진원 그림
세계가 인정한 우리 무형 문화유산 15!

* 상수리 호기심 도서관 시리즈는 계속 출간됩니다.